GW01606237

Que mes guerres étaient belles !

DU MÊME AUTEUR

Le Suicide de la France, Olbia, 2002.
L'Apartheid judiciaire ou le TPI, arme de guerre (avec Pierre-Marie Gallois), L'Âge d'Homme, 2002.
Avocat du diable, avocat de Dieu (avec Alain Maillard de La Morandais), Presses de la Renaissance, 2001.
Nocturne, Olbia, 2001.
J'ai plus de souvenirs que si j'avais mille ans, La Table Ronde, 1998.
Omar m'a tuer : histoire d'un crime, M. Lafon, 1994.
Le Salaud lumineux : entretiens (avec Jean-Louis Remilleux), M. Lafon, 1990.
Beauté du crime, Plon, 1988.
De la stratégie judiciaire, Minuit, 1981.
Dictionnaire amoureux de la justice, Plon, 2002.
Justice pour le peuple serbe, L'Âge d'Homme, 2003.

Jacques Vergès

Que mes guerres étaient belles !

éditions du ROCHER

ISBN 978-2-268-06-098-9

I

Mes frères

Après avoir été absent d'Europe dix ans je participais à Bruxelles à un meeting de solidarité avec les prisonniers politiques en Europe de l'Ouest et y retrouvais des confrères belges du collectif des avocats du FLN. Comme des voyageurs de retour de longs voyages se reconnaissent malgré les rides et les cheveux gris, nous ressentions un tel bonheur à nous embrasser qu'une amie eut cette expression merveilleuse : « Qu'il est doux de vieillir. »

Mais il y a de cela vingt-cinq ans et à force de vieillir, beaucoup nous ont quittés. Songeant à eux, il nous arrive de penser : dommage qu'ils ne soient plus là pour partager notre bonheur.

Quand nous sommes seuls la nuit, leur présence se fait plus forte au point qu'il nous arrive de nous demander si l'ombre devant nous ne serait pas la leur.

Et dans le bureau bibliothèque aux volets fermés, quand monte en volutes la fumée de mon cigare dans l'air calme comme l'eau d'un lac, que tout prend la couleur des mers du Sud, les ombres de mes amis arrivent, ceux que j'ai un jour pressés dans mes bras ou ceux que je n'ai jamais rencontrés mais qui de loin m'ont fait signe avant de mourir, et silencieusement je leur rends compte de ce que j'ai fait comme un militant à ses responsables.

Te souviens-tu, Félix, de notre première rencontre à Paris, à la Closerie des Lilas à la table où Lénine, paraît-il, venait jouer aux échecs ? Tu revenais d'un maquis au Cameroun et me demandais d'être l'avocat de ton mouvement.

Tu m'as présenté par la suite tes collaborateurs les plus proches, Abel et Ernest.

Je devais te rencontrer à Genève à ton retour de Chine quand ta femme, Marthe, m'a téléphoné pour m'apprendre que tu étais mort brusquement, sans doute empoisonné. Tu avais dîné avec un Français journaliste sympathique, *au Plat d'Étain* dans le vieux Genève. Tu avais trouvé un goût bizarre au vin ; il contenait de la mort aux rats, tout un symbole. Plus tard, je demanderai à un juge de perquisitionner au domicile de cet homme. Il avait disparu, mais on a retrouvé des traces du poison dans la poche de son veston. Il n'a jamais été inquiété. Si cela avait été l'inverse, tu aurais été condamné.

On t'a habillé avec un costume acheté au Prisunic.

On t'a embaumé, transporté par avion jusqu'à Conakry où tu devais attendre que les circonstances politiques permettent ton retour au Cameroun. Je t'ai revu une dernière fois au cimetière, à travers la vitre de ton cercueil, et soit que l'embaumement ait été mal fait, soit que le cercueil n'ait pas été hermétique, ton visage était taché de moisissures blanches.

Plus tard, le cercueil a disparu. Et te voilà semblable au camarade que tu étais quand je t'ai connu.

Il me faut te dire ce qui a suivi ta mort. Il y a eu une scission dans l'organisation ; d'un côté l'aile pro-soviétique avec Ernest ; de l'autre l'aile pro-chinoise avec Abel.

J'étais du côté d'Abel et suis allé souvent lui rendre visite au Ghana où l'organisation avait son siège. Je me rappelle un jour que, venant de l'aéroport je m'y rendais en taxi, avoir vu sur la route Marthe qui me faisait de grands gestes. Je me suis arrêté.

– Fous le camp vite, me dit-elle, la police perquisitionne chez nous.

J'ai fait demi-tour et à l'aéroport j'ai pris un billet pour Conakry avant de rentrer à Paris.

Abel est mort d'épuisement dans un hôpital du Caire. Ernest a été fusillé à Yaoundé. Afana a pris la succession d'Abel. Il a été tué en Sanaga par les Français qui ont promené dans les villages sa tête au bout d'une pique.

Depuis, beaucoup ont rejoint le service de l'État, et les plus chanceux ont trouvé un poste dans des organisations internationales, mais tous restent fidèles aux combats passés, comme je reste fidèle à la France Libre, même engagé dans d'autres batailles.

Ce masque que tu vois est un cadeau d'Afana, au temps où il écrivait dans *Révolution*, le mensuel dont j'étais directeur.

***

Camarade Phuoc, je t'appelle ainsi cérémonieusement parce que d'autres t'ont dénié ce titre injustement.

Étudiant à Paris, doctorant en droit, tu as commis un jour une erreur capitale en te comportant comme un honnête homme sans responsabilité, alors que tu étais président-fondateur de l'Association générale des étudiants vietnamiens en France, membre du Parti, et surtout collaborateur du délégué officieux du Viêt-minh en France.

Quand dans l'autobus où tu te trouvais, tu as vu un légionnaire avoir un geste indécent envers une étudiante vietnamienne, tu aurais dû rester de glace au lieu de le gifler. Il t'a répondu par des coups de poing ; la police est intervenue à l'appel du conducteur ; on a laissé filer l'élégant soldat ; tu aurais dû t'en douter, par contre on t'a fouillé et trouvé sur toi le rapport secret du chef d'état-major de l'armée française sur la situation du corps expéditionnaire en Indochine, « dans la merde jusqu'au cou » selon ses paroles.

L'affaire fut transmise au procureur. Tu profitais de ce bref moment de liberté pour passer en Angleterre, d'où tu m'adressais une carte postale, laissant derrière toi un beau scandale.

Tous les députés, de l'extrême droite aux socialistes, en profitaient pour accuser le PCF, opposé à la guerre, de trahison. Seul un agent infiltré dans les rouages de l'État avait pu connaître ce rapport et l'avoir communiqué à l'ennemi.

Pour répondre à l'attaque, le Parti choisit la solution la plus facile, mais la plus criminelle, en prétendant qu'il s'agissait d'une provocation et que tu étais un agent infiltré.

Arrêté par la police coloniale à Saigon pour propos antifrançais, tu aurais été libéré après avoir vendu ton âme au diable. Les camarades étudiants vietnamiens n'en crurent pas un mot. Certes tu avais été interpellé avec d'autres et libéré comme eux. C'est tout.

Absent, tu ne pus pas répondre.

Je fus convoqué par la responsable des étudiants communistes de l'époque, future Kremlinologue pour les journaux de droite, qui me demanda de te dénoncer dans le petit journal *Étudiants anticolonialistes* dont j'étais le directeur et toi le rédacteur en chef. C'était au moment des procès Slansky et London à

Prague, et Rajk à Budapest. Ton cas devait démontrer par un exemple proche comment l'ennemi pouvait infiltrer ses agents dans le Parti, et comment ceux-ci pouvaient tromper longtemps la vigilance des camarades. Je réclamais des preuves. On m'accusa de mettre en doute la parole d'un membre du comité central, brillant résistant de surcroît, ayant échappé aux sbires de Barbie me dit-on.

La carrière d'apparatchik m'était désormais fermée, mais c'était plus grave pour toi. Croyant sur parole le PC français, les camarades vietnamiens t'ont infligé la mort la plus horrible, mourir des mains de ses camarades.

Ton cas illustrait à merveille les procès de Prague et de Budapest, mais pas au sens où le voulait le PCF.

***

Cher Amokrane, comme nous nous sommes haïs quand nous étions tous deux membres du PC.

Militant exemplaire, tu défendais la ligne du Parti, tandis que je me commettais avec les nationalistes. Pour toi, j'étais un aventurier, un renégat et un traître en puissance. Pour moi, tu étais un tirailleur obéissant au service de maîtres aveugles et arrogants.

Puis, nous nous sommes, sans nous concerter, retrouvés ensemble pour la défense des militants du FLN, tout comme Samad, lui aussi transfuge du Parti.

Je me rappelle la lettre que nous avions écrite à André Malraux devenu ministre, concernant un prisonnier horriblement torturé à Versailles : vous vous êtes élevé contre la torture, lui disions-nous, elle continue, et pour le constater, point n'est nécessaire d'aller en Algérie, elle a gagné la France, il vous suffit de venir à la prison de Versailles.

Cette lettre avait suscité la colère des milieux bien-pensants, et je me rappelle ce que tu m'avais dit :

– Comment veux-tu qu'il ne nous arrive pas quelque chose ?

Phrase prophétique qui annonçait tout simplement ton assassinat.

***

Nous devions dîner ensemble, les avocats du collectif, pour préparer le procès du lendemain. Nous t'avons attendu. Tu n'es pas venu. On a appelé à ton bureau en vain. Nous ne pouvions appeler chez toi puisque tu n'avais pas le téléphone à ton domicile.

Le lendemain, aux aurores, ta femme a appelé Mourad à partir d'un bistrot pour lui dire que tu n'étais pas rentré. Il s'est précipité en taxi à ton bureau. En cours de route, il a croisé la voiture de police qui transportait ton cadavre à la morgue.

L'après-midi, à l'audience, nous avons observé une minute de silence en ton honneur. Les magistrats sont restés assis.

– Ce n'est pas le premier Arabe qui meurt, nous a dit le président.

Sous-entendu, « si on devait se lever pour chaque Algérien tué, on finirait par vivre debout ». Nous avons porté plainte. Bien sûr, elle n'a jamais abouti. C'est seulement il y a quelques années que, fort de l'amnistie et de la prescription, ton assassin, un colonel des services spéciaux, s'est vanté de t'avoir tué dans un livre intitulé *La Guerre du FLN en France*.

Dans l'immeuble désert où tu recevais encore des clients, un homme de main t'attendait dans le couloir. En sortant de ton bureau pour nous rejoindre, tu lui as souri. Il s'est laissé dépasser par toi et t'a abattu de deux balles dans le dos.

Un ancien membre du cabinet du Premier ministre de l'époque a écrit que l'ordre venait de lui, et que nous étions quatre sur la liste : toi, Samad, Mourad et moi.

Tu avais reçu, tu te rappelles, une lettre avec ces simples mots : « tu vas mourir ».

Après ta mort, nous avons été sept à recevoir une lettre portant d'autres mots simples « toi aussi », avec un numéro d'ordre de 2 à 8. Le numéro 1 c'était toi, le numéro 2 c'était moi, mais nous avons pris nos précautions, et je suis là, vivant, pour te recevoir.

Peu de temps après ta mort, j'ai été convoqué par le bâtonnier, à la suite de la mort d'Ali la Pointe, un des responsables de la zone autonome d'Alger. Les paras ayant découvert sa cache l'avaient sommé de se rendre, il avait refusé.

– On va faire sauter le mur.

– Faites ce que vous voulez.

Mais Omar, le frère de Yacef, le patron de la zone, était avec Ali.

– Laisse au moins sortir l'enfant, lui dit le colonel des paras.

Omar répondit lui-même.

– Je reste avec mon frère.

Les paras ont fait sauter le mur, tuant Ali et Omar. Sur le cadavre d'Ali, ils ont saisi un petit carnet, où, parmi d'autres inscriptions, figurait celle-ci : « Jacques Vergès = frère Mansour ».

Le ministre résidant, Robert Lacoste, avait communiqué au bâtonnier une photocopie de cette page.

– Alors, me dit le bâtonnier.

– Alors, lui ai-je répondu, je préfère être considéré comme un frère par Ali la Pointe, que je n'ai jamais rencontré, que comme un ami par M. Lacoste.

Il m'interrogea silencieusement du regard, puis me dit :

– Allez, Vergès, mais soyez prudent.

Je le suis.

***

II

Serial killers et démocrates

La torture est le stade suprême de l'attentat à la dignité humaine. Parmi de nombreux autres exemples, je voudrais citer le cas de deux amis qui l'ont subie des mains françaises, hélas, à Paris même.

L'un, Bechir, fut interrogé sur moi, à partir de documents où figurait mon nom, saisis chez lui. J'ai lu et relu ces procès-verbaux d'interrogatoires au bord du gouffre, où avec courage et intelligence, il sut me mettre hors de cause malgré la baignoire, l'électricité et les coups. Nous sommes depuis amis à la vie à la mort, et j'essaierai toujours de mériter cette amitié.

L'autre, Ahmed, a parlé de moi, de nos rencontres impossibles à nier, ce que je ne saurais lui reprocher. Mais à lire les procès-verbaux de ses interrogatoires, on s'aperçoit qu'il a évoqué aussi des rendez-vous que les policiers ne pouvaient pas connaître. Brisé, il a mis du zèle dans sa chute.

Ce sentiment d'impuissance devant l'abjection, je l'imagine, ce sentiment affreux que la morale, l'honneur, la dignité n'ont plus de place dans notre vie, que plus rien n'a de sens. Je pense paradoxalement à la reine Anne dans la tragédie de Shakespeare, elle crache son mépris au visage de Richard III, assassin de son époux, mais accepte, quand il le lui propose, de monter dans son lit. Le cynisme de la demande a fait s'écrouler son univers.

J'évite de revoir Ahmed, non pas que je lui en veuille, mais parce qu'il éveille en moi deux sentiments que je n'aime pas beaucoup : la haine et la pitié. La haine pour ses tortionnaires, la pitié pour lui.

***

Combattant la torture, nous espérions qu'elle disparaîtrait avec la fin des empires coloniaux. Il n'en est rien. Le nouvel empire américain repart à la conquête du monde avec les mêmes méthodes.

Il y a quarante-quatre ans, les 2, 3 et 4 février 1962, se tenait à Rome le deuxième colloque international consacré à l'Algérie. Une centaine de délégués représentant vingt-six pays différents participaient aux travaux. La plupart étaient des juristes, avocats ou professeurs de droit. La délégation algérienne était présidée par Mohamed Bedjaoui, alors conseiller juridique du GPRA, futur président de la cour internationale de justice à La Haye, aujourd'hui ministre des Affaires étrangères de l'Algérie.

Ouvertes par l'ancien président du conseil italien Parri et closes par un discours du délégué indien Harish Chandra, les discussions ne laissèrent rien dans l'ombre et furent parfois difficiles. L'unanimité qui se réalisa finalement sur une résolution fort nette n'en était que plus remarquable. Des juristes de réputation internationale apportaient leur soutien aux positions du GPRA : unité du peuple algérien, refus de tout statut organique de la communauté européenne, algérianité du Sahara et évacuation des bases militaires étrangères.

Et le débat sur le crime de colonialisme, débordant le cadre de la guerre d'Algérie, finit par poser, de proche en proche, tout le problème des rapports entre le tiers-monde et les anciennes puissances coloniales. Selon la revue *Les Temps modernes*, deux conceptions s'opposèrent : « l'une, qui tendait à faire entrer les crimes commis contre les peuples coloniaux dans les rubriques du droit traditionnel et à les réprimer par le moyen des juridictions classiques ; l'autre, qui faisait dériver tous ces crimes d'un crime premier, dit "de colonialisme", irréductible par nature aux catégories du droit classique forgé par l'Occident. Jacques Vergès, poursuit l'auteur de l'article, appuyé par les représentants des mouvements d'indépendance africains, se fit le champion de cette dernière thèse et réussit largement à la faire triompher ».

***

Les crimes de guerre et les crimes contre l'humanité existent depuis que le monde est monde, il est vrai. Mais chaque époque donne à ses crimes un caractère particulier qu'il importe de mieux définir pour mieux les combattre. C'est ce que les victimes juives ont très bien compris en substituant aux définitions générales les termes d'holocauste et de Shoah.

Les crimes issus du colonialisme, qui se perpétuent encore, nous imposent, quittant à notre tour le domaine des généralités, de définir ce crime dont sont issus tous les autres.

C'est ce que je tentais de faire au cours de ce colloque.

La nuit blanche, séculaire, qui va des grandes découvertes et du génocide des civilisations précolombiennes, du commerce des épices et des nègres à l'éclair d'Hiroshima, et où chaque progrès technique de l'Occident a signifié pour les autres hommes un surcroît de peine et de mort, ne finit pas de finir. C'est hier seulement, au moment où il portait contre lui-même les armes réservées jusqu'alors aux autres, que l'Occident a pu tout d'un coup contempler avec stupeur son visage dans la fumée des crématoires.

Nous vivons l'agonie de l'Occident envisagé comme une conception politique, morale, juridique du monde. Mais l'agonie est longue. Et c'est un moment assez grave pour que nous tâchions de le vivre correctement. Cela n'est possible que si, citoyens du monde, nous posons les problèmes du monde tels qu'ils sont, en sachant nous déprendre des réflexes acquis, en cessant de regarder vers les anciens maîtres, en chassant de notre esprit les fausses leçons de cette vieille maîtresse abusive, l'Europe libérale.

Le colonialisme, matrice du nazisme ; le colonialisme, matrice de la Shoah

Le caractère exceptionnel du martyre juif, en effet, ne s'explique pas sans le martyre, lui aussi exceptionnel, des peuples colonisés. Des voix aussi différentes que celles d'Aimé Césaire ou d'Hannah Arendt l'ont bien mis en lumière.

Car c'est le colonialisme qui a le premier fait du racisme la base de son organisation sociale et réservé à un groupe restreint le privilège de l'humanité, et refusé en conséquence aux autres les droits de l'homme.

Le colonialisme, crime d'État

La première manipulation que nous devons dénoncer est celle qui fait des crimes de guerre et des crimes contre l'humanité commis contre les colonisés de simples bavures, alors qu'il s'agit de crimes d'État.

Le crime d'État est la violation de la loi par l'État lui-même, oublieux de ses principes, en vacance de sa propre légalité. La forme la plus extrême de ces crimes est le déni à des populations entières non seulement du bénéfice de la Déclaration universelle des droits de l'homme ou de l'habeas corpus, mais du simple droit de vivre. Chasse à l'homme pire que l'esclavage puisque celui-ci, dans sa barbarie, était au moins soumis aux prescriptions du Code noir, tout cruel qu'il fût. Le génocide colonial est le crime par excellence de notre époque.

C'est à la science que la bourgeoisie progressiste fait appel pour justifier aux yeux de l'opinion les entorses faites dans les colonies aux commandements des Déclarations des droits de l'homme. La raison invoquée par l'Europe rationaliste est que, les non Européens n'étant pas complètement des hommes, les droits de l'homme ne peuvent s'appliquer à eux. L'Église s'interrogeait de savoir si les non-Blancs avaient une âme. La science, elle, n'a plus de doute. Ils n'en ont pas. Ce sont des sous-hommes.

Darwin, que le génocide des Indiens en Argentine et celui des Tasmaniens, dont il avait été le témoin, indignait, finit par s'y résigner. Dans sa correspondance avec Charles Lyell, il admettait que le « progrès » puisse justifier « l'extermination des races moins intellectuelles », et dans *La descendance de l'homme*, en 1871, il n'hésitait pas à prophétiser : « Dans une période future, guère éloignée si on la mesure en siècles, les races d'hommes civilisés auront certainement exterminé et remplacé les races sauvages dans le monde entier. » Le génocide était dans l'air du temps ; Herbert Spencer, philosophe libéral s'il en fut, ne se félicite-t-il pas dans son essai, *La Statistique sociale*, que « les forces qui font aboutir le projet grandiose du bonheur parfait ne tiennent nullement compte de la souffrance d'ordre secondaire, et exterminent ces sections de l'humanité qui leur barrent le passage...

Qu'il soit être humain ou brute, l'obstacle doit être éliminé. »

***

Mais quand la population indigène est nombreuse, le colonisateur peut avoir intérêt à l'asservir.

Dans ses *Lettres d'un soldat*, le colonel de Montagnac écrit : « Toutes les populations qui n'acceptent pas nos conditions doivent être rasées. Tout doit être saccagé, sans distinction d'âge ni de sexe. L'herbe ne doit plus pousser où l'armée française a mis le pied. Voilà comment il faut faire la guerre aux Arabes. En un mot, anéantir tout ce qui ne rampera pas à nos pieds comme des chiens. »

Et au nom de l'État, Alexis de Tocqueville, par ailleurs analyste pénétrant et subtil des sociétés américaine et française, écrit à propos de l'Algérie :

« J'ai souvent entendu en France des hommes que je respecte mais que je n'approuve pas, trouver mauvais qu'on brûlât les moissons, qu'on vidât les silos, et enfin qu'on s'emparât des hommes sans armes, des femmes et des enfants. Ce sont là, suivant moi, des nécessités fâcheuses, mais auxquelles tout peuple qui voudra faire la guerre aux Arabes sera obligé de se soumettre. »

Tel qu'il s'est structuré, l'État colonial se présente d'emblée comme un double État d'exception par rapport au régime qui prévaut dans la métropole, puisqu'il repose sur deux systèmes politico-juridiques de nature différente qui s'organisent sur des fondements raciaux, économiques et cultuels. Les hommes venus de l'Europe glorieuse et éclairée ont droit aux droits, quant aux autres, aux « barbares », ils ne sauraient goûter aux plaisirs de l'égalité, de la liberté et de l'universalité de la loi. Ni aujourd'hui ni demain.

Les crimes des armées et des États : des bavures ? Non ! Une longue histoire.

Et c'est ici qu'il convient de dénoncer une mystification qui en abuse beaucoup. Au motif que la démocratie protège les droits des individus en Occident, elle ne saurait commettre de crimes outre-mer. Le crime d'État serait une spécialité des dictateurs.

On pourrait soutenir au contraire que la responsabilité du peuple dans les crimes commis en son nom est plus grande dans une démocratie que dans une dictature, dans la mesure où il est mieux informé avec la pluralité des partis et la liberté de la presse.

La pratique de la torture pendant la guerre d'Algérie était connue de l'opinion en France, ne serait-ce qu'à l'occasion des procès qualifiés de scandaleux où s'illustrait le collectif. L'assassinat des avocats n'avait pas d'autre motif que de faire taire les voix qui proclamaient la vérité.

Oradour est en France la cité-symbole de la barbarie nazie ; 650 personnes, hommes, femmes et enfants, y périrent tuées par les SS de la division Das Reich.

À Sétif et Guelma, symboles de la barbarie colonialiste, le nombre des morts est de cinquante fois supérieur, victimes de l'armée et de la police, mais aussi et surtout des civils formés en milices improvisées, armées par l'administration. La responsabilité du crime, là, est celle de la société tout entière. Et quand la cour de cassation française prétend que seules les dictatures peuvent commettre des crimes contre l'humanité, elle ment.

Aujourd'hui, toute l'opinion en Occident sait que l'armée américaine en Irak viole les enfants et les tue ensuite, met une laisse autour du cou de prisonniers nus et mourants et les fait traîner par des femmes, et l'Occident non seulement par son silence acquiesce, mais prête ses prisons en Pologne ou en Roumanie pour la torture discrète des prisonniers.

Le langage colonialiste

Quand Léon Blum parlait des devoirs des races supérieures d'attirer à elles celles qui ne sont pas parvenues au même degré de culture, pour justifier le travail forcé, il nous offre un exemple prémonitoire de ce que Hannah Arendt appelle à propos d'Eichmann le langage bureaucratique. Quand il évoquait la déportation des Juifs vers les camps de la mort, Eichmann citait les horaires des chemins de fer, « le langage administratif, disait-il, est le seul que je connaisse ».

Hannah Arendt remarquait à ce propos que le langage administratif était devenu le seul qu'il connût parce qu'il était réellement incapable de prononcer une seule phrase qui ne fût pas un cliché. Ce type de langage est aussi caractéristique du colonialisme.

D'un côté, au lieu de dire cadavres on dit wagon, de l'autre, au lieu de dire esclavage, on dit service de la main-d'œuvre pour des travaux d'intérêt général, SMOTIG, comme à Madagascar.

De même, pendant la guerre d'Algérie, les camps de concentration de la population civile, dont l'horreur fut dénoncée en son temps par Michel Rocard, étaient nommés camps de regroupement, et les lieux mis à la disposition des parachutistes pour la torture étaient nommés résidences.

Aujourd'hui, c'est au nom des droits de l'homme qu'Israël, avec le consentement de l'Occident, arrête les membres d'un gouvernement issu d'élections démocratiques ; c'est pour détruire des armes de destruction massive qui n'existent pas que l'Amérique et ses alliés envahissent et occupent l'Irak ; c'est pour lutter contre le terrorisme que l'Occident permet aux seigneurs de la guerre de multiplier par dix la production d'opium en Afghanistan.

***

De son avance provisoire dans le domaine technique, l'Occident conclut à la supériorité de ses peuples, et par voie de conséquence, à l'infériorité des autres, à leur paresse, à leur immaturité congénitale, mais l'Occident oublie, ce faisant, son passé.

Les peuples évoluent sur des rythmes différents. La Chine était en avance sur l'Europe, elle connaissait avant elle la boussole, le papier, la poudre, puis l'Europe l'a dépassée sur le plan technique ; aujourd'hui la Chine rattrape son retard et est sur le point de devancer l'Europe à son tour.

Au XIVe siècle, alors que la France était ravagée par la guerre de Cent Ans, que ses routes étaient infestées de bandits de grand chemin, les Écorcheurs, qu'Armagnacs et Bourguignons se livraient à la plus impitoyable guerre civile, que le roi était fou et que sévissait la peste noire ; dans le Maghreb dans le même temps, Ibn Batouta, après avoir parcouru l'Arabie, l'Égypte, la Syrie, la Perse, la Crimée, l'Afghanistan, les Indes, Ceylan, Sumatra, la Chine, l'Afrique jusqu'au moyen Niger, publiait son journal de route, incomparable panorama de l'univers du XIVe siècle ; Ibn Khaldoun écrivait la *Muqaddima*, les Prolégomènes où il s'affirme comme pionnier dans les domaines de l'histoire et de la sociologie, et un précurseur des Lumières.

New York n'existait pas encore.

Les maîtres de l'Empire le savent et voudraient l'oublier, parce que cette mémoire met en cause leur domination, et c'est pourquoi quand ils peuvent, ils détruisent les témoins de la grandeur passée de ceux qu'ils prétendent soumettre.

Hitler envisageait d'incendier Moscou et Leningrad, parce que ces deux villes démentaient l'argument de sa conquête, l'infériorité des Russes considérés comme des sous-hommes selon son langage.

Au XIXe siècle, Français et Anglais livraient au pillage la Cité Interdite à Pékin. Entre les deux guerres mondiales, les Anglais utilisèrent les briques du palais de Nabuchodonosor à Babylone pour construire un barrage.

Aujourd'hui, entrant dans Bagdad, les Américains protègent le ministère du pétrole et livrent au pillage le musée archéologique qui gardait la mémoire de la plus vieille civilisation, celle de Sumer.

L'Occident parle de dialogue des civilisations mais ne conçoit de dialogue qu'avec son ombre. Il entend, dans les pays soumis, faire disparaître tous les signes de la culture de l'autre. Les institutions sont anéanties au profit de la démocratie dans sa version occidentale ; la religion est rabaissée au rang de superstition voire de fanatisme ; le droit ravalé en coutume. Le peuple soumis n'existe plus que par son rapport avec le maître.

Et c'est la raison pour laquelle, ainsi que le constate Soljenitsyne, les peuples d'Allemagne et de Russie, dont l'identité n'avait pas été niée par la dictature, se sont guéris plus vite des séquelles du totalitarisme que les peuples dont l'identité a été niée par les démocraties colonialistes.

Aujourd'hui le démocrate occidental mis en accusation pour ce qu'il commet en Irak, en Palestine, à Guantanamo, adopte le même système de dénégation que le serial killer, pris, lui aussi, dans la contradiction entre les idéaux humanitaires qu'il invoque et sa pratique qui les nie.

Benjamin Franklin, cet homme charmant, et les autres auteurs américains de la première Déclaration des droits de l'homme possédaient des esclaves et chassaient l'Indien. Il y avait pour ces crimes contre l'humanité un consensus, puisque les autres hommes, noirs ou rouges, ignoraient ce que la démocratie veut dire.

À Nuremberg, les démocraties anglaise, française et américaine ont condamné les crimes abominables du nazisme que seuls des fous peuvent nier, mais ces démocraties elles-mêmes n'étaient pas irréprochables. Les Américains, au cours du procès, détruisaient Hiroshima et Nagasaki, premier pays à employer l'arme nucléaire contre des civils.

Dans le Commonwealth, les aborigènes en Australie n'étaient pas recensés car ils faisaient partie de la faune, et en Algérie, le jour de la victoire, l'armée et les colons français massacraient 30 000 civils algériens.

Le démocrate est un homme sensible. La vue de la misère humaine lui fend le cœur. Il préfère ne pas la voir. Il est comme cet honnête homme qui, pour ne pas entendre les pleurs des enfants qu'on martyrise dans la chambre d'à côté, met plus fort la télévision.

Il ne veut pas savoir ce qui se commet en son nom et, quand on le force à le connaître, il répond qu'il s'agit d'excès, de dépassements, graves sans doute, mais exceptionnels comme les circonstances qui les ont provoqués, et qu'il ne s'agit pas là d'une doctrine comme chez les nazis.

Hélas, non ! monsieur le démocrate, il s'agit là d'une doctrine comme chez les nazis, et ceux qui l'ont exprimée ne sont pas des brutes SS, mais des essayistes, des philosophes, des historiens, dont les rues de nos villes portent les noms.

III

Notre guerre

Cher Ali, cher Amokrane, la guerre d'Algérie, notre guerre, a été ma grande école de la vie. J'ai mené cette guerre comme avocat, et si la bataille fut rude, je ne cache pas y avoir goûté aussi un plaisir extrême. Nous avons commencé ce travail ensemble, cher Amokrane. J'aimerais ce soir t'indiquer la manière dont nous l'avons poursuivi.

Tu te souviens de la citation de Chateaubriand que nous avions adaptée à notre convenance : « Lorsque, dans le silence de l'abjection, l'on n'entend plus retentir que la chaîne de l'esclave et la voix du délateur ; lorsque tout tremble devant le tyran et qu'il est aussi dangereux d'encourir sa faveur que de mériter sa disgrâce, l'avocat paraît, chargé de la vengeance des peuples. »

Chateaubriand parlait de l'historien, mais il arrive toujours trop tard. L'avocat, lui, est au feu.

La guerre d'Algérie, tu le sais, dès le début en novembre 1954, a été dans le pays profond, le bled, marquée par les pires crimes de guerre : viols systématiques des femmes, incendies des villages, exécutions sommaires, déplacement de population et tortures. C'était la partie cachée de l'iceberg, dont aucun écho ne parvenait à l'opinion française et internationale.

Dans les procès des militants arrêtés, la vérité aurait pu éclater, mais la défense inspirée par les avocats de la gauche française en masquait partiellement l'horreur.

La défense de connivence, à la recherche d'un dialogue de dupes avec les représentants de l'armée, s'inscrivait dans un cadre franco-français. Elle condamnait la violence d'où qu'elle vienne, la répression de l'armée comme le prétendu terrorisme de la Résistance. La révolution, perçue comme une révolte, se serait expliquée par la non-application du statut de l'Algérie, argument obscène. Comme si on avait expliqué la Résistance en France par la violation de la convention d'armistice. Les explications sociales l'emportaient sur la reconnaissance du fait national.

Et cela, même après les massacres de l'été 1956 dans le Nord-Constantinois, où commençait à s'illustrer à Skikda le sinistre général Aussaresses, alors capitaine.

Dans un livre de souvenirs, publié aux éditions Sociales, notre confrère que tu connais, Roland Weyl, définit en quelques phrases cette recherche passionnée d'un dialogue avec l'armée : « Et devant les Tribunaux militaires d'Algérie, tandis que d'autres plaidaient "on vous regarde du Caire à Washington", c'était notre fierté de communistes de dire aux officiers français que nous nous estimions porteurs des intérêts de la France et de l'avenir de nos relations avec l'Algérie de demain. »

***

Au début de l'année 1957, pour mater Alger, l'armée va s'abattre sur elle : 5 000 parachutistes sous les ordres d'un quarteron de lieutenants-colonels. Mayer, Bigeard, Fossey-François, Château-Jobert, appuyés par le 20e groupement d'artillerie, le 9e zouaves, 10 escadrons de gendarmerie, 1 000 CRS, 1 100 policiers, 55 gendarmes, l'aviation et la marine.

Le 23 février, Larbi Ben M'Hidi, responsable de la lutte armée à la direction du FLN, était arrêté. Torturé par les parachutistes du 3e RCP et les policiers de la DST, Ben M'Hidi leur tint tête. Bigeard fait cet aveu au journal d'Alger : « souvent je pense à mes entretiens avec Ben M'Hidi, illuminé de la résistance, fanatique, sachant souffrir. » Remis au capitaine Aussaresses, il est liquidé dans la nuit du 3 au 4 mars. La version officielle est qu'il s'est suicidé en se pendant dans son lieu de détention. Le capitaine, aujourd'hui général Aussaresses, avoue dans un livre récent l'avoir tué, et s'en glorifie.

Au mois de mai, pour se venger d'un attentat ayant coûté la mort à deux parachutistes, 80 sans-domicile arrêtés dans un bain maure transformé en dortoir sont alignés contre un mur et fusillés.

***

La répression judiciaire connaît, naturellement, un paroxysme.

Nos confrères des barreaux d'Algérie qui défendaient les prisonniers algériens devant les tribunaux militaires sont arrêtés. Ali Boumendgel est précipité du haut de l'immeuble où il est gardé par des parachutistes. Me Kaddour Sator, Amar Bentoumi, Mahmoud Zertal, Mokrane Amara, Ghaouti Benmehla, Omar Menouer, Hocine Tayebi sont internés au camp de Berrouaghia ; Maîtres Grange, Albert Smadja et Élie Guedj au camp de Lodi.

Dans sa thèse, publiée sous le titre *Une drôle de justice* aux Éditions La Découverte, Sylvie Thenault décrit cette explosion de violence judiciaire :

« Au-delà des pressions s'exerçant dans divers sens, comme en juin 1956, la chronologie des exécutions épouse celle de la guerre, toute période d'approfondissement du conflit se traduisant par le rejet des recours en grâce qui étaient en cours d'examen. Pour le gouvernement, le contexte requiert l'intransigeance. D'ailleurs, le 4 février 1957, trois ministres, Robert Lacoste, Maurice Bourgès-Maunoury et François Mitterrand, ont signé une décision accélérant la procédure d'examen des recours en grâce.

« Désormais, la direction de la gendarmerie et de la justice militaire, au ministère de la Défense, centralise les avis des services et ministères concernés avant de rédiger une note de synthèse pour le Conseil supérieur de la magistrature. » "La nouvelle procédure a eu un effet considérable par rapport aux précédentes. Grâce aussi aux efforts des différents services, les délais, malgré le nombre croissant des affaires, ont diminué", estime l'auteur d'un rapport, un an et demi plus tard.

« En conséquence de cette décision, l'année 1957, l'année du durcissement de la guerre, est aussi celle durant laquelle les exécutions ont été les plus nombreuses.

« Elles se font par décapitation ou fusillade, selon le rapport du colonel Lenoir, à qui leur multiplication pose un problème technique : “Au point de vue technique, cinq exécutions sont un maximum à envisager”... à la suite s’entend... »

***

C’est alors que les responsables du FLN à Alger, me confiant la défense d’une militante menacée de mort, me demandaient de briser le silence. Selon Mme Thenault toujours, il s’agit d’un tournant.

« L’affaire débute en juillet 1957, lorsque, à l’issue du procès dit “procès des bombes”, la peine capitale est infligée à Djamila Bouhired, Djamila Bouazza, Abderrahmane Taleb et Abdelghani Marsali, accusés de divers attentats, dont ceux du Milk Bar et du Coq Hardi. Leur procès fait sensation en raison de la présence de deux jeunes filles, et de la stratégie adoptée par Maître Jacques Vergès, qui émaille le procès d’incidents. Le décalage entre l’action terroriste et la figure des deux jeunes accusées suscite la curiosité des journalistes.

« *Le Monde* n’hésite pas à écrire qu’il s’agit de l’“affaire la plus importante” qu’ait connue le tribunal militaire d’Alger, prêtant à Djamila Bouhired un “ascendant moral faisant d’elle l’âme du terrorisme”. Jacques Vergès entreprit d’en faire le symbole des victimes de la répression, la jeune fille ayant été blessée lors de son arrestation, puis torturée...

« Les péripéties se succèdent alors, rendant le procès quasi impossible : les avocats parisiens quittent l'audience, sont remplacés par des avocats commis d'office que rejettent les accusés, d'où un retour de Maîtres Gautherat et Vergès... sous les injures et les menaces de parachutistes présents dans la salle. “Sommes-nous ici dans un tribunal militaire ou à un meeting d'assassinat ?” lance alors Jacques Vergès, ce qui lui vaut un avertissement du président Roynard. Outre les incidents, la presse métropolitaine est, elle aussi, frappée par l'animosité du public : “C'est sous les huées d'une centaine de personnes que les avocats parisiens quittèrent la salle” et, en proie aux “cris hostiles” du public “massé aux abords du tribunal”, ils durent être protégés par la police pour regagner leur hôtel. »

Le procès, même controversé, brisait le silence de rigueur. Cette médiatisation devait prendre forme. De son sillage tumultueux devait émerger une image. Celle des condamnés à mort. Mais la proposition que je fis aux autres avocats fut déclinée par eux. Mme Tillion leur avait promis son aide pour qu'il n'y eût pas d'issue fatale.

Je décidais de faire cavalier seul, et publiais aux Éditions de Minuit, avec l'écrivain Georges Arnaud, un texte sur l'affaire, débarrassé des scories du procès. Il n'était plus question d'attentat, mais de torture.

L'effet combla mes vœux. Dans *L'Aurore*, le quotidien partisan de l'Algérie française, André Frossard exprime sa réprobation de la torture. Le général de Gaulle, à qui nous avions adressé le livre, nous remercie de n'avoir rien caché de ce drame humain et, en m'assurant de son fidèle souvenir, rappelait aux tortionnaires qui prétendaient me donner des leçons de patriotisme que j'avais combattu sous l'uniforme de la France Libre, ce qu'eux n'avaient pas fait.

La campagne initiée en France, en Angleterre, en Belgique, eut un immense retentissement dans les pays arabes et musulmans, amplifié par le film de Youssef Chahine intitulé *Djamila l'Algérienne*.

C'est à ce moment-là, cher Amokrane, que nous avons fait la paix, quand, me rencontrant place Saint-Michel, tu m'as embrassé.

À la fin, comme dans les procès de rupture bien conduits, nous avons gagné sur les deux tableaux ; la défense de combat, toute controversée qu'elle fût, imposait une image du résistant algérien et, en même temps – le paradoxe n'est qu'apparent –, contraignait l'État à une mesure de clémence, malgré les promesses du ministre résidant aux ultras de l'Algérie française. La sentence de mort prononcée contre Djamila Bouhired et Djamila Bouazza était commuée en prison à vie ; une perpétuité bien relative puisque nous savions que la victoire était au bout de la lutte, et donc la liberté, et le plus remarquable fut que cette mesure fut prise en 1958, au moment où les généraux putschistes d'Alger pensaient avoir définitivement gagné la partie.

Mais en France aussi, bientôt, avec un décalage dans le temps, le même problème se posait, la répression allait s'aggravant.

Dans les premiers mois qui suivent le déclenchement de la lutte armée, écrit notre ami Ali Haroun, responsable de la défense à la Fédération de France du FLN, les militants détenus font tout naturellement appel à leurs défenseurs traditionnels, les avocats français de gauche et d'extrême gauche. Mais le thème de défense de ces avocats ne correspond plus à celui défini par l'organisation. Ils répugnent à s'aligner sur les positions qu'exige le soutien à la lutte pour l'indépendance de l'Algérie.

Dès lors, j'en réfère au comité fédéral et l'idée nous vient de créer un collectif.

Ce collectif naît officiellement le 19 avril 1959. Il est composé d'avocats algériens et français, puis belges. Dès la fin de l'année 1959, Ali Haroun peut dresser le bilan de cette nouvelle défense : « En cette fin d'année 1959, le collectif des avocats du FLN en France a déjà fait beaucoup parler de lui.

Pour l'instant, il est seulement l'objet des sarcasmes de la presse de droite. Plus tard, il sera la bête à abattre. Constamment sur la brèche devant tous les prétoires. »

Si les tribunaux militaires d'Alger offraient aux patriotes une tribune dont les victimes de la guerre dans l'Algérie profonde ne disposaient pas, l'extension de la répression en France offrait à la défense une tribune encore plus retentissante : la possibilité d'alerter non seulement l'opinion française mais aussi l'opinion internationale. Le nouveau collectif ne s'en priva pas.

À travers les procès de l'UGEMA, l'Union générale des étudiants musulmans algériens, de l'attentat manqué contre l'ancien ministre résidant en Algérie, Soustelle, de l'attentat contre le dépôt pétrolier de Mourepiane, et d'autres, notre but fut de dénoncer systématiquement la guerre d'Algérie, de faire en sorte que les accusés fassent, dans leur défense, place au peuple algérien lui-même, non plus en accusé, mais en accusateur, et, dans le sillage de ces procès, à travers des conférences de presse, des démarches auprès du comité international de la Croix-Rouge ou du Conseil œcuménique des Églises à Genève, auprès de la Ligue de droits de l'homme en Belgique, de marteler la même dénonciation.

La police ne s'y trompe pas.

Dans un rapport de la direction générale de la sûreté nationale sur le collectif des avocats (« Objet : Information judiciaire suivie contre Maître Vergès et tous autres »), en date du 2 mai 1960, transmis par le ministre de l'Intérieur au juge d'instruction près le TGI de la Seine (cabinet de M. Monzein), on peut lire les appréciations suivantes :

« Les conditions dans lesquelles, en effet, les défenseurs des inculpés frontistes exercent leur profession ne sont pas "pures" au sens étymologique du terme. Il y a loin des méthodes adaptées à chaque cas, essentiellement souples et variables, à celles de Maître Vergès, toujours identiques, s'intégrant dans une doctrine préétablie, conforme à une ligne générale d'essence politique, dont les normes sont fixées par une organisation : le collectif. Le nom de Maître Vergès vient d'être cité comme aurait pu tout aussi bien l'être celui de Maître Oussedik ou de Maître Schiano. L'un des traits particuliers de l'action de ces avocats est, en effet, l'unité (quelle que soit l'affaire en cause, les plaidoiries sont inspirées des mêmes thèmes, les audiences se déroulant selon le même processus, on pourrait dire le même rite). Tout cela a contribué à créer un "climat" déterminé et démontre l'orientation voulue et systématique des procès.

« Ils proclament et répètent le droit de l'Algérie à l'indépendance, l'existence d'une Nation et d'un État algériens, l'incompétence des tribunaux français, la qualité de "combattants" des inculpés. Ils s'efforcent, à chaque occasion, de souligner les prétendues contradictions qui existent entre la politique du chef de l'État et l'attitude des juges, et de faire un parallèle entre la Résistance française et la rébellion algérienne. Toutes les occasions sont saisies : accusations de mauvaise foi portées contre les autorités administratives et pénitentiaires qui "entravent l'exercice par les conseils du droit de communication avec les détenus", récusations du ministère public, multiplication des demandes de renvoi des affaires, abandon des salles d'audience et prise à partie pure et simple... À cet égard, les deux incidents les plus notables sont ceux qui ont opposé en janvier 1960 Maître Ben Abdallah et Maître Vergès au commissaire du gouvernement, le commandant Girard...

« Maître Vergès provoqua en duel le commandant Girard et lui adressa ses témoins, Maîtres Gambier et Courrégé.

« En février 1959, Maître Vergès avait déjà attiré l'attention lors du procès des auteurs de l'attentat contre M. Soustelle. Il avait prononcé une violente plaidoirie dans laquelle il mit en cause le gouvernement en termes particulièrement révoltants. Ses propos lui valurent un avertissement du TPFA de Paris.

« Il va de soi que de tels faits ne sont pas sans provoquer une floraison d'articles dans la presse et de commentaires favorables ou défavorables. Le but recherché est atteint : "On en parle."

« Les avocats du collectif contribuent à cette politique révolutionnaire de "mise en condition" de l'opinion publique métropolitaine, aussi bien sur le plan national que sur le plan international.

« Certains comportements qui peuvent paraître relever du simple excès de langage ou de l'impétuosité du caractère s'inscrivent en fait consciemment ou inconsciemment dans une ligne générale coordonnée, et si l'on en juge par des affaires récentes comme celle dite du "Réseau de soutien", efficace, visant à la mobilisation générale des milieux respectifs. Sur le plan national, les avocats agissent par la parole et par la plume. Toutes les réunions, toutes les manifestations publiques où ils peuvent s'exprimer sont utilisées pour évoquer le problème et en poser les données dans le sens désiré par le Front. C'est ainsi que le 4 février 1958, Maître Vergès fut appréhendé puis relâché par les services de la préfecture de police, alors qu'il manifestait sur le boulevard Saint-Michel. Le soir même, il prit la parole au palais de la Mutualité pour dénoncer les abus du tribunal militaire d'Alger, les perquisitions illégales, les tortures et les arrestations arbitraires. Il déclarait à cette même occasion que l'Algérie deviendrait indépendante et que le gouvernement devrait négocier "avant que ne se fasse entendre le canon de Diên Biên Phu".

« Certaines publications faites à l'étranger par des avocats du collectif, favorisant ainsi la politique du GPRA, tendent à sensibiliser à la fois l'opinion internationale et l'opinion française. Le 10 août 1959, Maîtres Zavrian et Vergès adressaient au président de la Croix-Rouge internationale ce qu'il est convenu d'appeler le "Cahier vert des disparitions", publié dans le n° 163 de la revue *Les Temps modernes*. Ce cahier est une liste nominative de 150 personnes qui auraient disparu depuis leur arrestation en Algérie. Les avocats demandaient l'intervention de la Croix-Rouge.

« De tels écrits, venant s'ajouter à d'autres manifestations publiques et bruyantes comme la conférence tenue à Bruxelles par Maître Vergès, ne sont pas sans donner certaines satisfactions à leurs auteurs. C'est ainsi que dans *La Tribune de Genève*, on pouvait lire à propos du rapport précité et d'une déclaration publique faite à Genève par Maître Vergès : "Cette position extrême est évidemment liée à une situation exceptionnelle qui ne donne aux accusés algériens ni les garanties du droit commun, ni celles de la Convention de Genève. Des faits semblables ont de quoi heurter la conscience du monde."

« Il est certain que l'activité ainsi déployée est extrêmement néfaste sur le plan national. Nous l'avons vu, que ce soit à la barre, lors de réunions ou de manifestations publiques, ou par la publication d'articles ou d'ouvrages, les membres du collectif veulent par tous les moyens donner le maximum de publicité aux causes qu'ils défendent, dans le but de divulguer la propagande du FLN et entraîner en sa faveur une fraction de l'opinion française. Le problème est de savoir s'ils peuvent être considérés encore comme des auxiliaires de justice ou des auxiliaires de ceux qui sont en lutte contre la France. »

***

Au cabinet du Premier ministre, selon son responsable aux problèmes de sécurité, on tira la conclusion que nous étions des ennemis à supprimer.

La réponse a été immédiate et brutale. Le 21 mai, un mois après la création du collectif, tu étais abattu par les services spéciaux dépendants directement du Premier ministre. L'organisateur du coup, le colonel Raymond Muelle, décrit ainsi ton « exécution » : « Au 3e étage... bureau n° 180, le nom est sur la porte : Maître Amokrane Ould Aoudia, avocat... Au-dessus de la porte, petite ampoule tubulaire allumée lorsque le “client” est là... Sur le palier, des WC toujours ouverts, sans doute destinés aux usagers de l’étage... On peut s’y planquer facilement, ils ferment de l’intérieur.

« L’ampoule s’éteint, l’avocat va quitter son bureau, sa porte s’ouvre, il est seul. Il est jeune, séduisant, porte costume et cravate foncés. Il sourit aimablement en rencontrant du regard l’inconnu sur le palier désert.

« Henri Lambert sourit aussi. Il y a deux détonations étouffées. L’avocat plie les genoux, s’écroule contre le chambranle de la porte sans même un gémissement. »

« Les avocats du collectif FLN – Oussedik, Vergès, Ben Abdallah, Courrégé, Beauvillard, Radziewski, Zavrian –, conclut le colonel Muelle, firent savoir qu’ils avaient reçu, le 13 mai, des lettres de menace de mort. Ould Aoudia avait reçu la même lettre rédigée en caractères d’imprimerie, déposée chez le concierge du Palais de justice. Elle disait : Tu vas mourir. »

Nous avons porté plainte, et l’instruction, comme d’habitude, n’a rien donné, et ton assassin a été décoré.

Après ton assassinat, l’émotion qu’il avait provoquée, les mesures de sécurité renforcée que nous avions prises firent que les autorités n'osèrent continuer le massacre ; elles choisirent de rendre impossible notre tâche. Le 14 août 1959, j'étais expulsé d'Alger pour avoir réuni un nouveau dossier sur les disparus. Le 20 décembre, c'était au tour de Zavrian pour le même motif. En décembre toujours, Schiano était arrêté, condamné à sept mois de prison et radié du barreau pour atteinte à la sûreté de l'État.

Février 1960. Mourad et Samad sont internés sur simple décision administrative au camp de Saint-Maurice-l'Ardoise. Le 23 juin, Nicole Rein dénonce à Sétif les méthodes de la police. Le 2 juillet, deux individus tentent de l'assassiner. Le 5 juillet, le TPFA refuse à Courrégé, accouru pour remplacer Nicole, le droit de plaider.

***

À ces mises en cause des membres français du collectif, il m'était donné de répondre. Avec l'accord des confrères, j'adressais la lettre suivante à M. Monzein, le 10 juillet 1961 :

« Monsieur le juge d'instruction,

« ... Je suis praticien du droit et j'ai charge des prisonniers pour leur vie, leur liberté, et leurs souffrances, je ne pouvais donc rester sans agir. C'est la raison pour laquelle il y a un an je décidai avec certains de mes confrères de m'adresser au CICR.

« Nous allâmes à Genève et y sommes restés un mois tout occupés à nos démarches. Nous avons communiqué à la Croix-Rouge des listes interminables de disparus assassinés par les forces de l'ordre colonialiste, des adresses précises de charniers dans Alger même, remplis de cadavres, de prisonniers exécutés au mépris de toutes les lois internationales, dénoncé des camps de torture, telle la Ferme Améziane à Constantine, proposé des témoins pour une commission d'enquête. Nous avons montré comment la loi du 16 mars 1956, l'ordonnance du 8 octobre 1958, le décret du 12 février 1960 supprimaient toutes les garanties individuelles aux Algériens et permettaient aux autorités militaires de les déplacer, de détruire leurs villages, de les torturer, d'enserrer l'Algérie dans un gigantesque réseau de centres de tri et de centres de renseignements. Nous avons lu sur le visage de nos interlocuteurs l'angoisse et l'impuissance. Devons-nous nous résigner ? Nous ne l'avons pas cru...

« La définition donnée le 20 décembre 1945, sous la signature du général Koeltz, représentant le général Koenig, des crimes de guerre et des crimes contre l'humanité demeure trop actuelle.

« Ce sont là précisément les crimes dont j'accuse les responsables de la pacification en Algérie, en vertu du droit pénal interétatique né à Nuremberg... Il ne tient qu'à vous, monsieur le juge d'instruction, de contredire mon pessimisme et de prouver non seulement que la justice française n'est pas le bras séculier de l'État ainsi qu'on l'a prétendu, mais qu'elle peut défendre les droits et libertés individuels. Pour cela, il vous suffira après m'avoir donné acte que cela n'a été ordonné à ce jour par aucun juge, de faire entendre tous les témoins algériens que nous avons cités.

« Les documents cités dans la brochure *Nuremberg pour l'Algérie* étant ainsi confirmés dans leur authenticité, je vous demanderai de vous faire communiquer tous les rapports de la commission de sauvegarde, et d'entendre les généraux Massu, Paris de Bollardière et Allard, les colonels Bigeard et Trinquier, le commandant Rodier et le commando de chasse Benoist Rey, MM. Lacoste, Bourgès-Maunoury, Soustelle, anciens ministres, Debré et Michelet, ministres en exercice, M. Paul Teitgen, conseiller d'État, ancien secrétaire général, chargé des questions de police à la préfecture d'Alger, M. le superpréfet Lambert, ancien préfet igame d'Oran, le commissaire Chervaillier de la DST, ayant tous eu connaissance directe de crimes de guerre et de crimes contre l'humanité commis contre des Algériens ainsi qu'un certain nombre d'anciens soldats ou supplétifs, de prisonniers algériens, d'autorités religieuses, d'avocats et de membres du

Comité Audin, dont je me réserve de vous fournir la première liste sous délai de quinze jours. Quand cela sera fait, et l'étendue du crime établie, je vous demanderai d'entendre tous les responsables de la répression et de donner commission rogatoire pour l'ouverture des charniers en Algérie. À ce moment-là, je ne doute pas que vous ne m'accordiez un non-lieu, et ne décerniez plusieurs milliers de mandats de dépôts contre des ministres et anciens ministres, des officiers généraux et des officiers supérieurs, et de hauts magistrats de l'ordre administratif. »

***

Pour faire taire la défense, le gouvernement ouvrit contre le collectif une procédure d'atteinte à la sûreté de l'État, mais notre travail de clarification devant l'opinion avait fait son effet. Loin de nous stigmatiser, la procédure initiée se retournait contre le gouvernement, ainsi que le démontre l'article publié dans *L'Express* daté du 16 novembre 1961, et signé de Me Badinter, futur ministre. Je cite :

« À chaque instant, transformer le procès d'un homme en procès d'une cause : celle de l'indépendance algérienne – et, au-delà des juges, en appeler toujours et partout à l'opinion internationale afin de précipiter, par la paix revenue, le terme même de la répression à l'encontre de tous les accusés : telles sont les seules voies possibles à la défense collective face à la répression algérienne – qui inévitablement devait transformer chacun des avocats des accusés musulmans en avocat du FLN. »

Traduits devant le tribunal correctionnel, nous fûmes relaxés. La défense de rupture faisait une nouvelle fois la preuve de son efficacité.

***

Mais déjà le collectif était engagé dans la préparation du procès dit des porteurs de valises qui, selon le journal *Le Monde*, allait ébranler la France.

Quand le procès s'ouvrit, ils étaient 23 sur le banc des prévenus, 6 responsables du FLN et les 17 membres du réseau de soutien, enseignants, étudiants, musiciens, acteurs, réalisateurs de radio ou simples salariés accusés d'avoir hébergé des clandestins, transporté des fonds, rédigé et distribué des brochures et des tracts contre la guerre.

Au départ, la défense n'était pas homogène ; à côté du collectif, des membres du réseau avaient désigné des avocats de gauche. Nous fîmes savoir à nos confrères d'entrée de jeu que nous entendions imposer notre stratégie, et que ceux qui y feraient obstacle devraient se retirer. Mme Gisèle Halimi fut de ceux-là. Elle claqua la porte au deuxième jour du procès. La manœuvre du collectif pouvait alors se déployer. Elle consistait à permettre aux éléments les plus clairvoyants de la société française de rendre hommage à la lutte du peuple algérien et à l'assurer de leur solidarité.

Les prévenus, tant algériens que français, exprimèrent avec fermeté leurs positions.

Haddad Hamida, au nom des Algériens, dit sa gratitude aux porteurs de valises : « Nous n'avons pas de haine pour le peuple français, et je salue fraternellement ceux qui sont ici à nos côtés. Nous n'oublierons jamais ce qu'ils ont fait quand l'Algérie sera indépendante, c'est leur souvenir que nous emporterons. »

Les Français revendiquaient leurs actes avec fierté, telle France Binard : « Je revendique pleinement ce que j'ai fait et par ma présence devant vous, je continue la lutte » ; ou Gérard Meier : « C'est en refusant de reconnaître dans l'action de l'armée le visage de la France que nous respections ce visage. Ce que nous avons fait, nous en sommes fiers. Nous espérons que d'autres le feront » ; ou Jean-Claude Paupert, évoquant les tortures pratiquées devant ses yeux : « Ceux qui faisaient cela portaient votre uniforme, le mien, et nous en sommes tous responsables. J'ai aidé les Algériens, j'en suis fier et c'est tout. »

Le premier de nos témoins entendus fut M. Paul Teitgen, maître des requêtes au Conseil d'État, et qui fut secrétaire général de la préfecture de police à Alger pendant un an, d'août 1956 à septembre 1957. C'est à ce titre que j'avais pu le rencontrer et m'entretenir avec lui. Je fus donc chargé par mes confrères de lui poser des questions. Il commença sa déposition par une déclaration liminaire :

« Je pense qu'il est normal qu'une partie de la jeunesse se soit interrogée. Et vous allez m'autoriser à dire, monsieur le président, qu'il y a une erreur grave à ne pas appeler les choses par leur nom et à ne pas donner à ces combats le sens véritable que requiert là-bas la présence de l'armée française. Faire faire à cette armée une besogne de police qui n'est pas la sienne, c'est la priver de l'élément essentiel de son combat et de sa raison d'être. Cela pose tout le problème d'une certaine jeunesse sous les drapeaux. Que fait-elle là-bas ? Elle n'est pas chargée, elle, de fonctions de police, monsieur le président ! À partir du moment où un certain nombre d'excès ne deviennent plus que des excès de police, ces jeunes gens se demandent ce qu'ils font sous les armes.

« Je ne partage pas, je le répète, un certain nombre de directions qu'ils ont choisies, mais, en mon âme et conscience, compte tenu de ce que je sais et de ce que j'ai appris, moi, en Algérie, je les excuse... »

Moi : « Paupert nous a dit : "J'ai été soldat en Algérie et si j'ai aidé le FLN, c'est parce que j'ai vu là-bas trop d'horreurs." Est-ce que le témoin peut nous dire, à partir des rapports qui lui ont été présentés par ses subordonnés dans l'exercice de ses fonctions : "Hélas oui ! L'on a torturé à Alger, l'on a torturé tous les jours, l'on a torturé d'une manière systématique !" ou bien : "Non, cela n'est pas vrai !" »

Le président : « Avez-vous eu connaissance d'excès ou de tortures ? »

M. Teitgen : « Ces excès, ces tortures, ont été la raison pour laquelle j'ai quitté mes fonctions, monsieur le président. »

Moi : « Deuxième question : le témoin a-t-il eu connaissance de gens qui, à Alger, sont morts alors qu'ils étaient détenus ou qu'on les interrogeait ? Je pose cette question d'autant plus que le témoin, en tant que secrétaire général à la préfecture de police d'Alger, signait les assignations à résidence ou tout au moins les contrôlait. Tous les gens qu'il a assignés à résidence lui ont-ils été rendus ou ont-ils été rendus à la justice ? »

M. Teitgen : « J'ai juré de dire la vérité, monsieur le président. J'ai le regret d'avouer que des disparitions ont été portées à ma connaissance, dont je suis certain ; et je souhaiterais, pour en finir avec des souvenirs qui sont pour moi pénibles, que la même rigueur, si elle doit frapper ceux qui ont le trouble dans leur conscience, frappe également ceux qui entachent l'honneur de mon pays et l'honneur de son armée.

« Monsieur le président, lorsque j'étais déporté, figurait dans le camp de concentration une pancarte avec cette inscription : "Juste ou injuste, tu es ma patrie". Je comprends qu'un certain nombre de gens, lorsqu'au nom de leur pays sont commises un certain nombre d'injustices, se trouvent dans une situation qui les conduit à commettre des erreurs. Je demande une nouvelle fois à la justice de mon pays de ne pas leur laisser le choix entre une patrie juste et injuste, mais de leur donner la certitude que cette justice est vraiment définitive. »

M. Teitgen, haut fonctionnaire, a utilisé, pour condamner les crimes de guerre et les crimes contre l'humanité commis en Algérie, les mêmes termes que le collectif.

Après M. Teitgen, ce fut au tour de Jean-Paul Sartre de s'adresser au tribunal à travers une lettre. Il franchissait un pas de plus, et justifiait l'aide au FLN de la part des citoyens français :

« Me trouvant dans l'impossibilité de venir à l'audience du tribunal militaire – ce que je regrette profondément – je tiens à m'expliquer de façon un peu détaillée sur l'objet de mon précédent télégramme. C'est peu, en effet, que d'affirmer ma "solidarité totale" avec les accusés : encore faut-il dire pourquoi... D'une part, les Français qui aident le FLN ne sont pas seulement poussés par des sentiments généreux à l'égard d'un peuple opprimé ; ils ne se mettent pas non plus au service d'une cause étrangère : ils travaillent pour eux-mêmes, pour leur liberté et pour leur avenir, ils travaillent pour l'instauration en France d'une vraie démocratie.

« Il m'est évidemment difficile d'imaginer, à la distance où je suis, les questions qu'aurait pu me poser le tribunal militaire. Je suppose pourtant que l'une d'elles aurait eu pour objet l'interview que j'ai accordée à Francis Jeanson pour son bulletin *Vérités Pour* et j'y répondrai sans détour. Je ne me rappelle plus la date exacte, ni les termes précis de cet entretien, mais vous les retrouverez aisément si ce texte figure au dossier. Ce que je sais en revanche, c'est que Jeanson vint me trouver en tant qu'animateur du "réseau de soutien", et directeur de ce bulletin clandestin qui en était l'organe, et que je le reçus en pleine connaissance de cause. Je dois l'avoir revu, depuis, à deux ou trois reprises. Il ne me cacha pas ce qu'il faisait, et je l'approuvai entièrement. Je ne pense pas qu'il y ait, dans ce domaine, des tâches nobles et des tâches vulgaires, des activités réservées aux intellectuels et d'autres indignes d'eux. Les professeurs de la Sorbonne, pendant la Résistance, n'hésitaient pas à transmettre des plis et à faire des liaisons. Si Jeanson m'avait demandé de porter des valises ou d'héberger des militants algériens, et que j'aie pu le faire sans risque pour eux, je l'aurais fait sans hésitation... »

Dans le grand mouvement d'opposition à la guerre, 121 personnalités des lettres, des arts, des sciences, de l'université, rendaient publique alors une déclaration sur le droit à l'insoumission pour les jeunes appelés sous les drapeaux. Je me borne à te citer les noms de Jean-Paul Sartre, d'André Breton, de Michel Leiris, de Vercors pour les lettres, d'Alain Resnais, de François Truffaut pour le cinéma, de François Châtelet et Laurent Schwartz pour l'université, de Pierre Boulez pour la musique. Nous les citons tous aussitôt comme témoins. Après des débats agités, le tribunal nous accorde l'audition de 20 d'entre eux, dont Vercors, qui donna le la : « Lorsqu'on se bat pour l'indépendance de son pays, comme nous nous sommes battus, tout le respect est dû à ces résistants et non seulement tout le respect, mais toute l'aide qu'on peut leur apporter. »

Contrairement à nos confrères de la gauche officielle, loin de chercher un impossible dialogue avec les juges, nous les avons traités comme ils le méritaient, de la manière la plus brutale.

L'incident des juges ivrognes en fut un exemple parfait. Ayant remarqué un soir que deux juges s'alcoolisaient dans un café situé face au tribunal, en compagnie d'un homme dont le nom était lié au contre-terrorisme, nous décidâmes d'exiger du tribunal qu'il les excluât de ses rangs.

Je fus chargé de cette besogne : « Certains de vos juges, monsieur le président, estimaient que leur qualité ne leur interdisait pas d'aller dans les cafés circumvoisins rencontrer un des frères S., celui qui n'est pas encore l'objet d'un mandat d'arrêt (puisqu'un des frères S. est l'objet d'un mandat d'arrêt) et boire avec lui, aller, en somme, comme dit le Code, se faire "abreuver"... Nous pensions que, tout au moins pendant le cours de ce procès, les juges auraient la pudeur de nous éviter le spectacle choquant de juges militaires en compagnie de quelqu'un qui appartient à une organisation dissoute pour appel au meurtre. »

La sagesse commandait au tribunal de se débarrasser des deux individus, mais l'esprit de corps fouetté par la brutalité volontaire de mon intervention joua. Le tribunal rejeta notre demande. Toute la défense alors nous suivit et quitta la salle. C'était la faute que toute la presse, même favorable à l'Algérie française, déplora le lendemain.

Ainsi, *Le Figaro* écrivait : « Unanimement on déplorait le geste de ces deux officiers qui auraient dû s'abstenir de toute attitude traduisant une sympathie personnelle ou idéologique, car inévitablement c'est leur objectivité qui se trouvait mise en cause, et cette erreur faisait en définitive le jeu des avocats qui plaidèrent que le procès était devenu impossible. »

L'Aurore, plus engagée, était encore plus sévère : « Et voilà le travail, et je suis obligé de dire, et j'ai le droit de dire que la défense, hier, a eu raison, et tort le tribunal. Juridiquement, rien n'empêche un juge militaire, hors des audiences, de parler avec qui lui convient dès lors qu'il n'est pas mis "en loge" pendant la durée du procès. Moralement, la maladresse est évidente et considérable. On s'attendait à ce que le président tienne compte de cet aspect moral d'une affaire embarrassante. C'était si simple de récuser deux juges et de les remplacer sur-le-champ par un des six juges suppléants qui sont là pour cela ! Aux yeux de l'opinion, le tribunal reprenait une force morale et une dignité devant lesquelles la défense se serait trouvée pieds et poings liés et surtout bouche cousue. »

Combat enfin tirait calmement la conclusion de l'incident : « Procès dans l'impasse. Mais au profit de qui ? Sûrement pas au bénéfice de cette justice qui perd ici tout crédit, toute dignité. »

Le lendemain, les deux juges tombés opportunément « malades » étaient remplacés. L'autorité du tribunal, déjà bien chancelante, s'en trouvait encore affaiblie. Le tribunal ressemblait à un serpent dont nous avions cassé les reins.

***

Les partisans de l'Algérie française, devant l'ampleur du mouvement d'opinion, perdaient aussi moral et sang-froid. Le général Salan, futur dirigeant du putsch contre de Gaulle s'indignait : « Comment des Français cultivés et apparemment raisonnables ont-ils pu en arriver à se dresser contre leur patrie aux côtés des ennemis déclarés de la France ? C'est sans conteste parce que leurs convictions politiques les avaient amenés à conclure au caractère absurde, néfaste et inutile de la guerre d'Algérie. N'a-t-on pas dit aux musulmans qu'ils pourraient choisir de ne plus être français ? »

De même, Jacques Soustelle, ministre résidant en Algérie lors des sanglants événements de l'été 1956, et futur responsable de l'OAS : « Un des avocats du "réseau Jeanson" [c'était moi] a fort justement souligné qu'il existait une contradiction flagrante entre le libellé de l'accusation contre ses clients pour avoir porté aide aux rebelles des départements algériens, et la politique officielle qui traite les départements algériens comme un territoire d'incertaine appartenance dont le statut ne pourra être déterminé que dans l'avenir. Peut-on inculper des Algériens d'atteinte à la sûreté de l'État, alors que le chef de l'État lui-même admet qu'ils peuvent choisir l'indépendance ? L'argument a du poids ; il est regrettable que ce poids lui ait été conféré par une politique qui bannit l'expression "Algérie française" et remet en cause ce qui avait été solennellement promis il y a deux ans. »

Mais déjà l'émotion et le mouvement de solidarité gagnaient tous les intellectuels des pays amis de la France en Occident (Italie, Angleterre, Allemagne, Suisse, États-Unis) : Federico Fellini, Alberto Moravia, Henrich Böll, Gertrud Von Lefort, Norman Mailer, Wright Mills, John Osborne, Sean O'Casey, Max Frisch approuvaient les 121 devenus rapidement 200. La France bannit ses vedettes, écrivait le *Daily Mail* de Londres, faisant allusion à Adamov, Terzieff, Blin, interdits des studios de télévision et des micros de la radio. Enfin, le comité exécutif de la Fédération des étudiants d'Afrique Noire en France représentant les étudiants originaires de Centre-Afrique, du Gabon, du Congo, du Tchad, du Niger, du Dahomey, de Haute-Volta, de Côte-d'Ivoire, du Togo, du Cameroun, de Mauritanie, du Sénégal, du Mali et de Guinée, faisait savoir que : « les jeunes d'Afrique n'auront de cesse qu'avec la victoire finale du peuple algérien ».

En trois ans, dans les prétoires des tribunaux militaires, le peuple algérien avait pris la place de ses fils, non plus en accusé, mais en accusateur.

Œcuménique comme tous les héros judiciaires, il recueillait la sympathie des démocrates américains comme des révolutionnaires chinois, des nationalistes arabes comme de la nomenklatura soviétique, des partisans de Tito comme des partisans de Fidel Castro.

Les barreaux d'Algérie nés dans la gloire du sacrifice dont le tien ont aujourd'hui comme devise « Savoir, Courage, Indépendance ». À l'époque, nous voulions que ce savoir fût un gai savoir. Rien dans la vie ne doit nous désespérer, même pas la justice militaire avec son président civil vêtu de rouge sang et ses officiers couverts de décorations, et derrière la porte, le bourreau qui attendait.

Nous avons, quand les besoins de la cause l'exigeaient, transformé le tribunal en stand de tir et le procès en fête foraine.

Je t'explique la manœuvre, comme on dit en langage militaire. Il s'agissait d'humilier le tribunal, de le déconsidérer, pour rendre inaudibles ses arguments et retentissants les nôtres.

C'est ainsi qu'au premier jour du procès du réseau Jeanson – quel dommage que tu n'y aies pas été – un des accusés, Aliane, fit savoir qu'il n'entendait et ne parlait que l'arabe littéraire ; dès lors, il ne pouvait comprendre l'interprète qui ne pratiquait que le dialectal, pas plus que l'interprète ne pouvait le comprendre. Pour tout connaisseur du

Maghreb, c'est là, tu le sais, une situation impossible. Le dialectal est la langue courante et le littéraire la langue écrite. Mais le président, qui prétendait juger un « français », ignorait la langue qu'il pût parler, d'où le dialogue suivant tel que rapporté par la presse :

« Le président dit : – Qu'entend-on par arabe littéraire ?

Me Vergès : – Tout arabe qui n'est pas dialectal. Donnez-nous acte que l'interprète a procédé à des traductions d'une langue qu'il ne connaissait pas.

– Déposez des conclusions, dit le président.

– Je vous demande un "donné acte", dit Me Vergès.

– Pour l'instant nous appelons les témoins, dit le président.

– Comment notre client peut-il suivre un débat avec un interprète qui ne parle pas sa langue ? dit Me Oussedik.

– C'est vrai, je ne le comprends pas, dit timidement l'interprète.

Le tribunal se retire, revient, refuse le "donné acte", "attendu que l'arabe littéraire est une langue très limitée, que pas un Arabe parlant le littéraire n'ignore le dialectal et qu'en conséquence l'accusé Aliane comprend l'interprète".

– Mais l'interprète ne le comprend pas !, dit Me Vergès.

Nouvel acquiescement de l'interprète. Nouvelle demande de "donné acte", non plus cette fois au seul président, mais au tribunal tout entier. Nouveau délibéré, nouveau jugement disant que le "donné acte" relève du pouvoir discrétionnaire du président et que le tribunal est incompétent pour en juger.

Est-ce tout pour la journée ? Nullement. Il y a encore une demande de "donné acte" parce que les accusés n'ont pas eu la parole sur les conclusions de leurs défenseurs. Le président se lève, entraînant avec lui les juges pour une nouvelle délibération. La salle s'amuse au jeu. On crie : Non ! Non ! Le président, surpris, reste debout, discute sans sortir, ordonne à l'interprète une lecture, à quoi Aliane répond qu'il n'y entend goutte. Ainsi s'engageait le procès. Ainsi continua-t-il. La défense atteignait bien ses buts.

Le deuxième jour, le tribunal accordait ce qu'il avait rejeté la veille. Non seulement il désignait un interprète d'arabe littéraire, mais – surcroît de précaution – un autre de kabyle. Et, pendant quatre heures, ces deux hommes allaient traduire aux accusés musulmans l'intégralité des pièces de procédure, préliminaire aux débats.

Lorsque cela fut fait, l'offensive procédurière recommença. On demandait au président de se récuser pour une manifestation d'opinion. La veille, lorsque la salle avait ri, le magistrat n'avait rien dit.

Pour réparer cette lacune, il avait préparé un petit avertissement et l'avait débité d'entrée de jeu, le lendemain. Or, dans son propos, il y avait cette phrase : « Il est inadmissible, au moment où le sang coule sur les plages d'Algérie, dans les djebels et ailleurs, de tenter de porter atteinte à la sérénité qui doit présider au déroulement de ce procès. »

Et Me Vergès n'avait pas manqué de protester : « Si vous vouliez parler de la guerre d'Algérie et de ses drames, vous auriez dû rappeler aussi que, depuis six ans, sept cent mille Algériens sont morts, que des enfants meurent de faim dans les camps de regroupement, que la bataille d'Alger a fait trois mille disparus, dont M. Paul Teitgen a pu dire qu'à son avis les neuf dixièmes avaient été assassinés. Vous auriez dû parler aussi des tortures. »

Le tribunal rejeta. Il avait un argument de droit : seul le premier président de la cour d'appel a compétence pour connaître d'une requête en récusation.

Le troisième jour, l'incident rebondit. La défense contesta l'irrecevabilité de sa demande de récusation en soutenant que le tribunal était compétent pour se prononcer, que la récusation était prévue par les articles 19, 20 et 21 du code de justice militaire. Alors le tribunal rétracta sans honte son jugement d'incompétence de la veille, accepta les conclusions comme recevables en la forme mais les rejeta, en précisant que le motif invoqué n'entrait pas dans la série de ceux sur lesquels il peut se prononcer.

Au quatrième jour on tenta de s'expliquer. La défense savait qu'elle n'avait pas bonne presse. Depuis trois jours on disait dans la ville, on écrivait dans les journaux qu'elle bafouait le tribunal, ridiculisait la justice, refusait le vrai procès par ses conclusions, ses chicanes et ses humeurs. On regrettait ouvertement que les autorités judiciaires n'aient point placé à la tête du tribunal un président à poigne, capable de la mater, au lieu de ce pauvre M. Curbelier, venu d'une chambre civile, sans expérience aucune des tumultes qui l'affolaient, lui faisant rendre dans la hâte des jugements qu'il devait renier le lendemain. Mais, à bien y regarder, la défense était gagnante. Par le scandale, sans doute, elle avait forcé l'attention publique. Tous ceux qui lisaient les journaux, tous ceux qui écoutaient les radios savaient maintenant qu'il y avait un procès du réseau Jeanson. Chaque matin, ils attendaient d'en connaître les nouveaux éclats, quitte à en être indignés. »

Désormais, le tribunal était dompté, comme on le dit d'une bête sauvage devenue bête de cirque ; il était mûr pour entendre sans broncher les propos les plus scandaleux (à ses yeux) : Jean-Paul Sartre affirmer qu'il fallait aider le FLN et M. Paul Teitgen, conseiller d'État, comparer les méthodes de l'armée française à celles de la Gestapo.

IV

La grâce

Cher Félix, cher Phuoc, cher Amokrane, j'éprouve, quand je compare mon sort au vôtre, un profond sentiment d'injustice à votre égard, à voir comment la mort impatiente avec vous est patiente avec moi. J'ai pourtant comme vous appartenu à des armées à la discipline de fer et à des partis de guerre civile.

La mort pour moi est une amie, non pas une goule comme elle le fut pour vous. Elle m'a tenu compagnie pendant la Deuxième Guerre mondiale puis au cours de la guerre d'Algérie, et plus tard encore, mais elle a respecté mon indépendance. Elle sait que nous nous retrouverons un jour, et me fait confiance.

J'ai le sentiment que rien ne peut m'atteindre, que mon destin a léché ma sueur et veille sur moi ; c'est ce que j'appelle, ne disposant pas d'autre mot, la grâce.

Elle ne se justifie pas. Elle est là. Et je comprends que certains me haïssent. Comment, disent-ils, il a fait la guerre, il a pris des risques insolents et il ne lui est rien arrivé. Une mine ne l'a pas castré. Une grenade ne l'a pas défiguré. Il n'y a pas de justice. C'est ce qui explique un trait de mon caractère aussi, qui déroute ceux qui ne me connaissent pas. Quand on m'insulte, je ris. Quand de faux amis me quittent, je dis : bon débarras. Il me semble que des nains pissent de rage sur mes chaussures, ne pouvant me casser les dents.

Mais à y réfléchir, je sais que ce qui m'a sauvé, c'est que j'ai toujours su garder mon libre arbitre et mon sens critique. Je ne sacralise pas aveuglément les servants d'une cause à mes yeux sacrée. Je fais difficilement confiance, surtout à des inconnus. Je peux me prêter à autrui avec passion mais je ne me donne qu'à moi-même selon le conseil de Montaigne.

Quelqu'un de sympathique, Félix, m'invite à dîner. Je me renseigne d'abord sur lui avant d'accepter, et, dans le doute, c'est moi qui l'invite à prendre un café dans une brasserie où je suis connu.

J'ai un cœur, moi aussi, Phuoc, mais je ne lui cède jamais sans réfléchir, comme toi dans l'autobus. Je suis son garde champêtre.

Et je ne serais pas rentré au Vietnam sans savoir comment les camarades là-bas prendraient l'accusation du PC français.

Amokrane, je n'ai jamais pu supporter la présence d'une personne dans mon dos.

***

Enfant eurasien, élève d'un lycée français sous les tropiques, j'ai grandi dans le culte de la Grèce et de Rome, dont il me reste en mémoire la théâtralité des gestes et des mots, et souvent, lorsque j'ai des choix à faire, ils me reviennent comme le conseil d'un démon.

Ainsi, me suis-je souvent souvenu de ce mot d'Eumène à Antigone, le Borgne, le plus valeureux des diadoques, successeur d'Alexandre, affirmant qu'il était le plus grand et le plus fort : « Je n'estimerai jamais homme plus grand que moi, tant que j'aurai mon épée en ma puissance. »

Prague 1950

En 1950, s'est tenu à Prague le congrès de l'Union internationale des étudiants, réunissant les organisations étudiantes des pays socialistes, Union soviétique, Chine, démocraties populaires d'Europe de l'Est, et de certains pays du tiers-monde comme l'Inde ou le Nigeria, et pour la première fois du Maghreb, d'Afrique Noire, de Madagascar et des départements d'outre-mer, dont j'étais à Paris le secrétaire du comité de liaison.

Le PCF, dont j'étais membre alors, y avait dépêché un observateur officieux, Mme Annie Besse, plus connue plus tard comme Kremlinologue sous le nom d'Annie Kriegel.

Le PCF, dont l'attitude à notre égard était paternaliste, n'appréciait pas nos contacts internationaux, et prônait plutôt des adhésions individuelles à l'Union nationale des étudiants de France, où nous aurions servi de supplétifs aux étudiants communistes.

Notre présence élargissant la représentativité de l'UIE, ses dirigeants nous proposèrent au contraire une place au comité exécutif, et je fus désigné pour ce poste par mes camarades. J'acceptai sans prévenir Mme Besse qui se serait opposée, et fus élu.

À mon retour, je fus l'objet de critiques acerbes des dirigeants du PC, à qui, tu le savais, Amokrane, je ne faisais aucune confiance mais personne ne pouvait revenir sur le vote de Prague.

L'épée que j'avais eue en ma puissance était la confiance de mes camarades et des responsables étudiants des pays de l'Est.

Paris 1957

Inscrit au barreau de Paris en 1955, nommé premier secrétaire de la Conférence en 1956, je proposai en 1957, pendant la bataille d'Alger, aux avocats de gauche plaidant pour le FLN, de m'y rendre dix jours pour eux. Les volontaires n'étaient pas si nombreux ; ils acceptèrent.

À mon retour, je les informais que je retournerais en Algérie mais plus pour eux car, à mon sens, leur défense était inadaptée à la situation.

Cette prise de position, cette « déclaration de guerre » à les entendre, les choqua d'autant plus que je n'étais qu'avocat stagiaire. Mais je m'en moquais. L'épée que j'avais eue en ma puissance était la confiance des responsables de la zone FLN d'Alger.

Alger 1963

L'Algérie était devenue indépendante en 1962. Avec le soutien de la direction réputée droitière du FLN, je fondais un hebdomadaire officieux du Parti, *Révolution africaine*. Nous devînmes bientôt la bête noire du bureau d'animation du secteur socialiste, la think-tank du président Ben Bella, dont nous ne prenions pas au sérieux la gesticulation trotskiste.

Un voyage en Chine et une rencontre avec le président Mao aggravèrent le conflit. La boîte à idées du président étant alors pro-soviétique. Je ne fis aucun effort pour calmer le jeu, et fus démis de mes fonctions en même temps que la direction « droitière » du FLN.

L'épée que j'avais au fourreau, c'était la confiance que j'avais acquise du président Mao, d'Aidit, le secrétaire général du PC indonésien, de l'entourage du Che, du père Camillo Torrès de Colombie et d'autres, et je fondais *Révolution* à Paris, avec une édition anglaise à Lausanne.

Lyon 1982 – 1987

Le choix de défendre Barbie fut sans conteste mon initiative la plus discutée, surtout quand j'explicitais mon but : démontrer que ce qu'il avait fait à Lyon était beaucoup moins grave que ce dont l'armée française était coupable en Algérie. J'eus droit aux insultes, ce qui n'est pas grave, mais aussi à des manœuvres d'intimidation comme un contrôle fiscal ou une poursuite disciplinaire à laquelle s'était heureusement opposé Isorni, alors membre du Conseil de l'ordre.

Ma force était paradoxalement la médiatisation faite par le pouvoir lui-même du procès, et l'on conçoit qu'un Vichyssois d'extrême droite décoré par Pétain de la francisque comme le président Mitterrand y avait intérêt pour se donner un visage de républicain sans peur et sans reproche.

À moi d'être irréprochable. Ce qui n'était pas audessus de mes forces.

Quand je me fais élire au bureau de l'Union internationale des étudiants contre la volonté du PCF, sans l'informer, ma décision peut le surprendre mais pas le conflit qui nous oppose, dont c'est la conséquence. Quand je romps avec le collectif de gauche des premiers avocats du FLN, je le fais ouvertement et sur une base non de rivalité personnelle – aucun d'entre eux ne pouvait me faire de l'ombre –, mais sur une base politique évidente. Mon audace peut les surprendre, pas ma position contradictoire avec la leur qui en est l'origine. Quand démissionné de *Révolution africaine*, je fonde *Révolution*, ma décision est la suite de la décision dont le pouvoir porte seul la responsabilité. Dans l'affaire Barbie, je ne trompe personne non plus, même si ma stratégie proclamée joue sur mes adversaires le rôle du chiffon rouge du toréador devant le taureau.

***

Dans les conflits politiques, l'affrontement politique doit être clair pour être efficace. Mais il est d'autres occasions où la ruse et le secret deviennent nécessaires et il serait angélique d'y renoncer.

Ainsi, en 1952, le secrétariat de l'Union internationale des étudiants m'envoyait en mission en Inde. Depuis sa fondation, en raison de la guerre froide, personne de la direction n'avait pu s'y rendre et le secrétariat tenait à avoir une information sur le mouvement autrement que par les rapports de notre organisation membre, la Fédération pan indienne des étudiants : « Avec un passeport français il te sera plus facile d'obtenir un visa, me dit-on. À toi de te débrouiller. »

Je renonçai à demander un visa à Paris, l'ambassade pouvant se renseigner sur moi auprès de la police française. J'allais donc à Stockholm, où j'expliquai au conseiller culturel que me rendant en Nouvelle-Zélande où j'avais des parents pour les vacances, je voulais, de passage en Inde, ne pas y rester quelques jours seulement, le sous-continent me fascinant. J'avais évoqué la Nouvelle-Zélande parce que, pour s'y rendre, un Français n'a pas besoin de visa.

– Mais pourquoi vous adressez-vous à notre ambassade à Stockholm plutôt qu'à Paris ?, me demanda le conseiller avec beaucoup de bon sens.

– Parce que, lui répondis-je avec le même bon sens apparent, je me rends à Helsinki où se déroulent des jeux, et que les jeux terminés, je voudrais prendre l'avion sans délai.

L'argument convainquit et j'obtins un visa de quinze jours. L'ennui est que ma mission passionnante était prévue pour un mois, le temps de parcourir l'Inde dans tous les sens. Quinze jours c'était déjà pas mal, et je verrais sur place la possibilité d'obtenir une prolongation de mon visa.

***

À New Delhi, la démarche d'un professeur proche des camarades s'avéra sans succès. Je décidai de solliciter l'ambassade de France, et tombai sur un attaché culturel un peu efféminé et charmant, qui goba mon histoire, prépara pour moi un circuit touristique classique avec l'inévitable Taj Mahal, les sculptures érotiques de l'Orissa et Bénarès.

Mais entre-temps, j'avais déjà établi des contacts à l'université de Delhi et dans les collèges. Je le lui dis, en expliquant que je préférais ce contact avec les étudiants que faire du tourisme. Loin de s'étonner, il en fut ravi.

– Avec l'histoire des cinq comptoirs et les incidents en ce moment en Tunisie, je ne peux me rendre chez les étudiants sans me faire agresser verbalement, et je suis très intéressé au contraire par vos contacts.

Ici, un cas de conscience se posait à moi. Pouvais-je faire état auprès de lui de la situation politique chez les étudiants sans trahir mes amis ?

Je résolus ce cas assez facilement en me disant que je pouvais lui faire une description exacte de la réalité sans nuire à mes camarades, au contraire, et garderais par-devers moi les propositions que je ferais à mes amis à mon retour à Prague.

***

Je l'ai revu plusieurs fois, et de chacune de ces visites, garde un souvenir piquant.

– Alors, me demandait-il un jour, de quel collège m'apportez-vous des nouvelles ce soir ?

– Hindu College, lui dis-je, où j'ai rencontré la responsable du Fonds mondial d'entraide universitaire, dont le siège est à Prague. (J'omettais de lui préciser que j'en étais le secrétaire général.)

– À Hindu College, le collège le plus chic de la capitale ; et qui est-ce ?

– Mademoiselle X.

– La fille du général.

– Oui.

– Le ver, conclut-il, est dans le fruit.

J'en convins volontiers.

Une autre fois, il me proposa de me faire nommer lecteur de français à l'université. J'eus la gentillesse de refuser. J'imaginais la tête du responsable à l'administration centrale à la lecture d'une telle proposition.

V

L'autre guerre m'a rendu plus humain

C'est l'autre guerre, contre l'Allemagne, qui m'a rendu lucide en me rendant plus humain. J'y étais pourtant allé avec une vision manichéenne du monde. Quand elle a éclaté en 1939, j'avais quatorze ans, j'ai sauté de joie. On levait l'ancre pour des horizons nouveaux. Le système colonial dont j'étais le spectateur indigné allait prendre fin.

Un an plus tard, quand la France s'est effondrée, j'ai manifesté avec mes camarades du lycée pour que la Réunion rejoigne la France Libre. Je n'admettais pas que la France pût disparaître car je ne confondais pas la France de Montaigne condamnant les crimes des Espagnols en Amérique avec celle de Léon Blum évoquant les droits et les devoirs des races supérieures.

En 1942 l'arrivée d'un contre-torpilleur de la France Libre me permit enfin de m'engager.

J'ai rejoint l'Angleterre dans un transport de troupes en compagnie des blessés et des malades de la 7e armée anglaise qui avait combattu en Libye.

J'avais des préjugés contre les Anglais, que je considérais comme des racistes et des tartufes sexuels. Mais mon opinion s'est nuancée en voyant chaque jour mourir l'un d'eux d'épuisement.

La cérémonie était toujours la même. Le corps recouvert de l'Union Jack était placé sur un plan incliné d'où on le laissait glisser vers la mer, après que les honneurs lui eurent été rendus. Les sirènes du navire hurlaient à la mort, hurlement repris par les autres sirènes du convoi. Et le navire changeait de direction pour que le mort quitte notre sillage et ne nous suive pas.

Puis la vie reprenait le dessus, jusqu'à Liverpool où nous avons débarqué pour rejoindre le camp de la France Libre à Camberley, dans le Surrey, pas très loin de Londres. Nous nous y sommes retrouvés, rebelles venus du Pacifique, des Amériques, d'Asie, d'Afrique, des Antilles, défendre une certaine idée de la France mais aussi, en ce qui me concerne, heureux de courir l'aventure sous les ordres d'un général condamné à mort par les autorités légales sinon légitimes, ce qui me semblait l'honneur suprême.

Le séjour de quelques mois en Angleterre m'a appris encore la prudence dans les jugements péremptoires qu'on peut porter sur une société.

Nous passions souvent nos week-ends à Londres, qui était dans le black out une nouvelle Babylone.

Dans les rues se croisaient Français, Belges, Polonais, Serbes, Canadiens ; les Anglaises en uniformes y étaient plus nombreuses que les Anglais dont beaucoup se battaient au Moyen ou en Extrême-Orient.

Nous passions nos permissions dans des familles volontaires pour nous recevoir. Je me rappelle l'émotion manifestée par une jeune mère de famille en me voyant apparaître vêtu de mon uniforme à croix de Lorraine. « Mais vous êtes un enfant », me dit-elle en m'embrassant. Les souvenirs que j'ai de cette Angleterre-là sont des souvenirs de tendresse.

***

Puis je suis allé en Algérie, au Maroc, en Italie, enfin en France et en Allemagne. La mort fut au rendez-vous pour certains d'entre nous, mais pour les survivants ce fut un sentiment de liberté immense, et certes je ne crois pas qu'on puisse rêver de plus belle sortie d'adolescence.

Nomadisant à travers l'Allemagne, je découvrais que les Allemands ne correspondaient pas non plus à l'image réductrice que nous nous en faisions. Je m'attendais à trouver un monde fou. Et ma surprise fut de découvrir un monde simplement humain.

Dans le premier village où je cantonnais, j'avais un billet de logement chez une jeune veuve. Elle avait deux petites filles de dix et onze ans, autant qu'il me souvienne, Ilse et Gisela.

Je les avais perdues de vue depuis cinquante ans, lorsqu'un jour j'ai trouvé ce message sur mon répondeur :

« Nous avons retrouvé votre adresse parce que vous êtes célèbre. Nous nous rappelons que vous logiez chez nous près de Baden Baden. Notre père était mort en Russie. Nous manquions de tout, et vous vous faisiez servir votre repas à la maison pour le partager avec nous. Si bien que lorsque nous parlons de vous aujourd'hui nous ne disons pas le grand avocat, mais le gentil petit sergent. »

Dans un autre village près de Coblence, je logeais dans une famille encore sans homme : la mère, la fille aînée, vingt ans, mon âge, et une cadette de quinze ans. L'aînée et moi sommes devenus amants. Un soir je lui dis :

– J'aime que nos rapports soient francs ; as-tu remarqué que je n'ai pas le type d'un pur aryen ?

Je la vis trembler.

– Tu me demandes, me dit-elle, si j'ai remarqué que tu avais les yeux bridés. Oui. Ils sont bridés comme ceux des hommes qui continuent à se battre en Asie contre les Américains, alors que les nôtres se sont couchés comme des chiens.

Nous nous sommes embrassés, mordus, griffés, et avons ri et pleuré toute une nuit de bonheur. Le monde avait levé l'ancre.

Je racontais cette scène récemment à une amie avocate, juive et communiste.

– Mais c'est effrayant, me dit-elle.

D'un certain point de vue, on peut le penser en effet. On peut penser aussi que l'amour est subversif quel que soit son masque.

***

La guerre m'a appris à ne jamais réduire les hommes à une étiquette. C'est la raison pour laquelle j'ai toujours admiré le général de Gaulle, parce que l'homme de droite et l'officier de tradition ne correspondent pas à l'image stéréotypée que les gens se font de l'un et de l'autre.

Officier de tradition, il sut le 18 juin 1940 dire non. Officier de tradition, il sut lors du putsch d'Alger appeler les soldats à désarmer leurs officiers factieux « par tous les moyens ». Homme de droite exceptionnel, il sut porter sur l'Algérie un regard lucide et courageux, alors que même pour le Parti communiste français la nation algérienne n'existait pas encore, et qu'elle résulterait de la symbiose de ses différentes populations, berbère, arabe et française, avec implicitement une prédominance européenne puisque la minorité d'origine européenne avait tous les avantages du pouvoir économique et politique.

Au lieu de ce mythe d'une Algérie franco-algérienne liée à la France à jamais, le général constatait : « Jamais l'Algérie n'a été française, c'était une colonie. En Algérie, les Français n'étaient pas chez eux. Ils n'y ont jamais été chez eux, pas plus qu'au Maroc ou en Tunisie. On leur a fait croire que l'Algérie c'était la France. Ils ont voulu se bercer de cette illusion. Mais elle n'était pas plus une réalité que dans le reste du Maghreb. Jamais l'Algérie n'a été française. Elle l'était dans les fictions juridiques. Elle l'était dans la tête des colonels braillards, et de la masse des Européens d'Algérie qui avait fini par s'en persuader. Elle l'était dans les slogans. Elle ne l'était pas dans les faits. C'était une colonie », (Alain Peyrefitte, *C'était de Gaulle*, p. 56).

Et cette phrase bouleversante de respect humain pour l'adversaire qui honore toujours celui qui l'éprouve : « En vérité il est miraculeux que nous soyons arrivés à ces accords. Car, songez-y, depuis cent trente ans ils [les Arabes] n'ont cessé d'être dominés, trompés, dépouillés, humiliés », (Louis Terrenoire, *De Gaulle vivant*, p. 245).

Dans la France Libre puis au PCF, nous avons rêvé de lendemains qui chantent, ou d'un bonheur, fût-il celui de Sparte. Nous n'aurions jamais pu imaginer que la dignité humaine pût être bafouée comme elle l'est aujourd'hui, elle, la valeur suprême, la seule absolue, avant même les droits de l'homme.

Ne m'accordez pas le droit de vote mais ne me traitez pas de racaille.

C'est pour cela que l'adolescente irakienne violée par les soldats américains me bouleverse plus que les trois mille morts dans l'attentat des twin towers, parce que je place la dignité humaine au-dessus de la vie.

C'est ce qui me fait aussi estimer la peine de mort moins inhumaine que trente ans incompressibles dans une prison cloaque.

Le maréchal Ney qui commande lui-même son peloton d'exécution, le résistant qui crie aux soldats allemands qui le tuent : « imbéciles, c'est pour vous aussi que je meurs », le communard attaché au poteau de Satory qui crie « Vive la Commune ! » Petiot ou Landru qui plaisantent avec leurs avocats au pied de la guillotine ont leur dignité sauve. Pas dans l'horreur d'une geôle le jeune contraint de faire une fellation à un caïd, avec l'accord des gardiens, ni le prisonnier contraint chaque jour pour ne pas mourir de faim d'avaler une gamelle couverte de crachats. Et l'on comprend dans ces conditions que des condamnés à de longues peines demandent à être exécutés. Ce que les Tartufes de la République leur refusent au nom des droits de l'homme.

La société où nous vivons, derrière un masque de sensiblerie, est d'une cruauté rare. Elle a ses quartiers réservés non seulement pour la traite des femmes mais aussi pour l'abaissement des hommes, et comme nous vivons une époque d'hypocrisie, la justice est la reine de ces cours de miracles.

De temps à autres, d'anciens ministres de la Justice dont le parti n'est plus aux affaires, des syndicats de magistrats, quand leurs dirigeants de droite ou de gauche sont dans l'opposition, signent des manifestes pour dire que les prisons sont une honte. Cette bonne action faite, les mêmes magistrats continuent à y envoyer du monde, coupable ou non.

J'ai un jour plaidé dans une affaire le devoir d'évasion. Une affaire assez grave pourtant, puisque la tentative avait été faite avec usage d'armes et d'explosifs. Le tribunal aurait pu me poursuivre pour apologie de délit ; il ne le fit pas pour la bonne raison que les arguments que j'utilisais étaient puisés dans ces manifestes, nombreux à l'approche d'échéances électorales.

Quand la dignité d'un homme, disais-je, est bafouée gravement chaque jour, c'est le devoir pour la victime de refuser, devoir non seulement pour elle, mais pour nous tous, puisque la prison est payée avec nos impôts et construite par ceux que nous avons élus.

Le tribunal condamna mon client et ami au minimum de la peine encourue. À défaut d'être courageux, il se montrait habile.

***

Les uns résistent, ce sont les vainqueurs ; les autres plient, ce sont les victimes. Les premiers éveillent notre admiration ; pour les autres nous avons de la pitié. Zola a sa place au Panthéon car il fut un vainqueur ; Dreyfus non, parce qu'il ne fut qu'une victime.

De ce point de vue, il est intéressant de comparer l'attitude, quand ils sont pris, des serial killers américains et des multimeurtriers français.

Le serial killer est un solitaire, comme le pionnier, le trappeur, le cow-boy de l'univers mythique américain, et un perdant, un loser, un mot typique dans un monde sans transcendance où le succès est le seul critère et l'échec un péché.

Le multimeurtrier, lui, est lié au monde. Landru est un séducteur, Petiot, médecin des pauvres, est apprécié de beaucoup, et Paulin, d'origine modeste, donne pour ses amis des soirées fastueuses.

Le serial killer est obsédé par le sexe, le multimeurtrier par l'argent. Qu'il soit hétérosexuel comme Landru ou homosexuel comme Paulin, le sexe n'est en général pas un problème pour le multimeurtrier, quand il est la malédiction du serial killer. L'homme à femmes, en France, est un personnage sympathique. Au pays d'Henri IV, le roi galant, et de François Mitterrand, le président bigame, le sexe n'est pas un péché. Pour le serial killer, plus héritier des pères pèlerins que des Lumières, par contre, le sexe est le lieu de la déchéance et de la souillure. Vécu sous de tels auspices, l'acte sexuel ne peut évidemment apporter au serial killer la béatitude recherchée ; si bien qu'il est, selon l'image éloquente d'observateurs, « comme un toxicomane toujours en état de manque ». Et la frustration du serial killer est d'autant plus grande que les partenaires qu'il force – prostitués des deux sexes ou enfants appartiennent à des groupes ethniques non européens, asiatiques ou noirs en marge de la société américaine – lui apparaît comme une « créature du démon ».

Dernière différence : le multimeurtrier assume ce qu'il a fait, même s'il le nie pour les besoins de sa défense. Il cultive le défi et ne dédaigne pas le mot d'esprit au pied de la guillotine. Avant de mourir, Petiot dit à ses avocats : « Je suis un voyageur qui emporte ses bagages. » Au président de la cour d'assises qui lui rappelle la gravité de son cas (il est accusé de onze assassinats), Landru répond : « Croyez bien que je regrette de n'avoir qu'une tête à vous offrir... »

Le serial killer, puritain, lui, pratique la dénégation. Il proclame qu'il n'est pas ce qu'il est pour mieux le faire oublier et l'oublier lui-même. Tout en formulant ses désirs refoulés, il s'en défend et nie qu'ils lui appartiennent.

VI

Dialogue des morts

Camarades, notre vie ne peut se comprendre si on fait abstraction des deux plus grands criminels de l'histoire aux yeux de l'Occident voués au même opprobre quoique ennemis irréductibles.

Nous avons combattu l'un avec passion et servi l'autre de même et le monde aujourd'hui est en grande partie leur œuvre.

C'est la raison pour laquelle un soir Ismaël et moi avons imaginé leur rencontre aux enfers et avec la distance que donne la mort l'affrontement de leurs points de vue sur les questions du colonialisme.

Écoutez !

– M. le secrétaire général, est-ce vrai ce qu'écrit le général de Gaulle, que je n'ai pas encore rencontré, que vous vous étiez inquiété auprès de lui de mon sort : « Et que va devenir ce pauvre Hitler ? » Si c'est le cas, je vous en remercie.

– Je vous en prie, führer du peuple allemand, vous étiez sur terre mon ennemi, j'ai pensé que vous deviez être fusillé, comme un soldat, pour ce que vous aviez fait à mes peuples, mais j'étais contre votre humiliation, celle qu'envisageait Churchill, de vous faire asseoir sur une chaise électrique comme un gangster de Chicago.

– Le monde est étrange ; je vous considérais comme le pire de mes ennemis, et finalement vous avez été le plus correct.

– Permettez-moi de vous dire ce que je pense. En cas de victoire, vous ne m'auriez pas témoigné la même correction.

– Vous avez parfaitement raison. Mais c'est parce que, voulant coloniser les Slaves, j'entendais adopter à leur égard les méthodes admises de la colonisation, et le paradoxe de l'affaire est que les démocraties occidentales à la tête de domaines coloniaux immenses, et gouvernés d'une main de fer, m'en aient voulu de les imiter.

– Je sais ce que vous comptiez faire de nous, et je peux vous réciter des pages entières de vos propos de table, pieusement recueillis par vos amis, et qui sont tombés entre nos mains. Je vous cite :

10 août 1941

Le colon allemand devra vivre dans des fermes belles et spacieuses. Les services allemands seront logés dans de merveilleux bâtiments, les gouverneurs dans des palais. À l'ombre des services administratifs s'organisera peu à peu tout ce qui est indispensable au maintien d'un certain niveau de vie. Autour de la ville, sur trente à quarante kilomètres de profondeur, une ceinture de beaux villages reliés entre eux par les meilleures routes. Ce qui existe par-delà, c'est un autre monde dans lequel nous entendons laisser les Russes vivre comme ils le désirent. Il faut simplement que nous les dominions. Dans le cas d'une révolution, nous n'aurons qu'à jeter quelques bombes sur leurs villes, et l'affaire sera liquidée. Une fois par an, on conduira une troupe de Kirghizes à travers la capitale du Reich, afin de frapper leur imagination par la grandeur de nos monuments.

– Ce que l'Inde fut pour l'Angleterre, les territoires de l'Est le seront pour nous.

17 août 1941

Quand on contemple ce monde primitif, on se persuade que rien ne le tirera de son indolence, à moins qu'on n'y force les hommes à travailler. Les Slaves constituent une masse d'esclaves nés, qui éprouvent le besoin d'un maître.

Nous fournirons aux Ukrainiens des foulards, de la verroterie et tout ce qui plaît aux peuples coloniaux.

Les Allemands, cela est essentiel, devront constituer entre eux une société fermée comme une forteresse. Le dernier de nos palefreniers doit être supérieur à n'importe quel indigène.

17 octobre 1941

Nous ne nous installerons pas dans les villes russes, et nous assisterons sans intervenir à leur dépérissement. Et surtout, pas de remords à ce propos ! Nous n'allons pas jouer les bonnes d'enfants, nous sommes rigoureusement sans obligations à l'égard de ce monde-là. Lutter contre les taudis, pourchasser les puces, donner des instituteurs allemands, faire paraître des journaux – très peu pour nous ! Nous pourrons nous borner à installer un poste émetteur de radio que nous contrôlerons. Pour le surplus, qu'ils en sachent tout juste assez pour comprendre notre code de la circulation, afin de ne pas se jeter sous nos voitures !

Il n'y a qu'un devoir : germaniser ce pays par l'immigration des Allemands, y considérer les indigènes comme des Peaux-Rouges.

Dans cette affaire, je vais droit mon chemin, froidement. Je suis l'instrument du destin. Ce qu'on peut penser de moi en l'occurrence m'indiffère absolument. Je ne sache pas qu'un Allemand qui mange un morceau de pain doive se tourmenter à l'idée que le sol qui a produit ce pain a été conquis par l'épée. Quand nous mangeons le blé du Canada, nous ne pensons pas aux Indiens spoliés.

Le droit est une invention humaine. La nature ne connaît ni le notaire ni le géomètre-arpenteur. Dieu ne connaît que la force.

12 novembre 1941

Nous donnerons aux indigènes tout ce dont ils ont besoin : beaucoup à manger et du tord-boyaux. S'ils ne travaillent pas, ils iront dans un camp, et ils seront privés d'alcool.

De l'orange jusqu'au coton, nous pouvons tout cultiver ici.

Ce pays est d'autant plus difficile à conquérir qu'il n'existe pas de routes. Quelle chance qu'ils ne soient pas arrivés, eux, avec leurs véhicules, sur nos routes à nous !

15 janvier 1942

J'ai lu aujourd'hui que l'Inde compte actuellement trois cent quatre-vingt-huit millions d'habitants, ce qui représente une augmentation de cinquante-cinq millions au cours des dix dernières années. C'est alarmant. Nous assistons au même phénomène en Russie. Les femmes y ont chaque année un enfant. La principale raison de cette augmentation, c'est la diminution de la mortalité due aux progrès de l'hygiène. À quoi pensent nos médecins !

22 février 1942

Il n'y a pas longtemps encore, lorsqu'il y avait quelques arpents de terre à partager en Extrême-Orient, tout le monde s'y précipitait. Maintenant, nous disposons des espaces de l'Est. C'est moins riant et plus rude, mais cela vaut mieux pour nous. Nous mettrons la main sur les plus belles terres, et nous nous assurerons le contrôle des points vitaux. Nous saurons dominer la population. Il n'est pas question d'arriver là-bas avec des gants de crin et des maîtres d'école.

3 mars 1942

Surtout, qu'on ne lâche pas le maître d'école allemand sur les régions de l'Est ! Ce serait un sûr moyen de perdre à la fois les élèves qu'on leur donnerait et les parents de ces élèves. La solution idéale consisterait à enseigner à ce peuple une mimique élémentaire. On lui en demande moins qu'à des sourds-muets. Pas d'imprimés à leur intention. La radio suffira pour leur donner les informations indispensables. De la musique, tant qu'ils voudront.

Ils pourront pratiquer l'écoute au robinet. Je suis d'avis de ne leur confier aucun travail qui demande le moindre effort mental.

– Je vois, monsieur le secrétaire général, que vous êtes bien informé. Vos citations sont exactes, mais elles m'amènent à vous poser immédiatement une question : comment expliquez-vous que les démocraties occidentales colonialistes se soient alliées à vous qui combattez le colonialisme pour me combattre, alors que j'étais dans ce domaine leur meilleur disciple ?

– L'explication est simple, et elle vous échappe parce que vous êtes également un esprit simple. Mais les démocrates, eux, sont des gens compliqués. Ils croient dans les droits de l'homme, et en même temps, estiment fondée la mise en esclavage à leur profit des peuples d'Asie, d'Afrique et des Amériques. Ils justifient cette différence de traitement en prétendant que les peuples arriérés – arriérés les constructeurs des Pyramides, d'Angkor ou de Teotihuacán – n'y ont pas droit. Seuls les Blancs y auraient droit. Et en voulant nous coloniser, vous avez fait voler en éclats ce distinguo. Vous leur avez révélé leur vrai visage de racistes et, en faisant de l'Europe à nouveau une jungle, vous mettiez en danger le fragile équilibre auquel ils étaient parvenus. Ils ont éprouvé, en vous regardant, la même épouvante que Dorian Gray contemplant son portrait.

– C'est pourtant la défense que place dans ma bouche George Steiner, un Juif éclairé, dans un roman où il me suppose capturé vivant dans la forêt amazonienne par les services d'Israël :

« Vous m'avez dépeint comme une sorte de fou démoniaque, la quintessence du mal, l'enfer incarné, suis-je censé dire. Alors que je n'étais, à la vérité, qu'un homme de mon temps. Oh, inspiré, je vous l'accorde, avec un certain – comment dire ? – flair pour les plus grandes opportunités politiques. Manipulateur des foules, maître des états d'âme, peut-être, mais un homme de mon temps.

« Sans rien d'extraordinaire. Car, si j'avais été ce surprenant démon de vos fantasmes rhétoriques, comment des millions de femmes et d'hommes se fussent-ils reconnus en moi, eussent-ils fait de moi le miroir brut de leurs besoins et de leurs appétits ? Ce fut, je n'en disconviens pas, une période sordide. Mais ce sordide, je ne l'ai pas créé et je n'étais pas le pire. Loin de là. Combien de misérables petits êtres vos amis belges ont-ils tués raides ou abandonnés à la famine et à la syphilis quand ils ont pris le Congo ? Répondez-moi, messieurs. Quelque chose comme *vingt* millions. Ce pique-nique menait bon train au moment de ma naissance. »

Qu'en dites-vous ?

– Je dis que George Steiner, parce qu'il est honnête, est une voix dans le désert. Hannah Arendt aussi a vu dans le colonialisme la matrice du nazisme. Cela lui a valu d'être traitée de nazie par des humanistes dans un journal de gauche en France.

Le progressiste, l'ami du genre humain autoproclamé, voit rouge, si je puis dire, quand on lui dit qu'il est un assassin comme vous.

– Monsieur le secrétaire général, vous savez par vos espions qu'à la fin de cette guerre désastreuse pour moi, je ne cachais pas en privé l'admiration que je vous portais, et je voudrais aujourd'hui vous poser une question : comment avez-vous fait pour qu'ils s'allient à vous contre moi, alors que j'étais un colonialiste et avais conclu un accord avec la grosse industrie et la finance ?

– Votre question est double. Première question : pourquoi ils ne se sont pas associés à vous ? J'y ai déjà répondu et l'erreur de votre entourage est d'avoir pensé jusqu'au dernier jour qu'un renversement d'alliance était possible.

Deuxième question : qu'ai-je fait pour qu'ils s'allient à moi contre vous ? Je les ai méprisés. Ce que vous n'avez jamais fait, soit que vous les haïssiez, c'était le cas de la France, soit que vous aspiriez à ce qu'ils vous rendent votre amitié, et c'était le cas de l'Angleterre.

Rappelez-vous en 1939 quand ils tentaient de m'entraîner dans une guerre contre vous, dont ils espéraient être les spectateurs, leur étonnement d'apprendre que nous avions négocié secrètement un pacte de non-agression rendant inévitable la guerre entre vous, dont je devenais le spectateur.

Ce tour de passe-passe, loin de les éloigner de moi, les faisait demandeurs pour une alliance future contre vous. Le prix de cette alliance, vous le savez, fut l'avancée de mon empire jusqu'à Varsovie, Prague, Budapest et Bucarest.

Mais pour cela, à votre différence, les méprisant, je ne les ai jamais pris de front. Je suis un joueur d'échecs.

– Depuis ?

– Je n'ai jamais eu comme vous l'illusion de bâtir un empire pour mille ans. Si j'avais jamais fait ce rêve, Tito en Europe, Mao en Asie, étaient là pour me rappeler au principe de réalité. Élevé au séminaire, je ne suis pas pour autant millénariste.

– Vous dites que vous méprisiez vos alliés ; je pense aussi que vous méprisiez vos partisans, vos amis. Quand vous avez signé le pacte avec moi, pour beaucoup ce fut aussi un coup de tonnerre.

– Je ne méprisais pas mes partisans. Je savais qu'ils comprendraient à demi, en attendant que les événements me donnent entièrement raison. Mais ce fut peut-être votre faiblesse, de respecter vos alliés qui ne le méritaient pas, je pense à Mussolini, de respecter trop vos amis pour opérer, en ce qui concerne les peuples soumis à l'Occident, un tournant complet de votre politique raciste.

En lisant récemment dans un journal qu'à New York des Noirs avaient attaqué des Juifs en criant Heil Hitler, je me suis demandé comment vous alliez réagir.

– Je pense que c'est là du folklore, mais c'est un incident qui appelle à des réflexions.

– Il est clair que la guerre que les démocrates ont menée contre moi a fragilisé leur domination sur les peuples soumis d'Afrique et d'Asie. La défaite de la France en 1940 a constitué un encouragement pour les mouvements nationalistes, spécialement en Afrique du Nord. L'action de l'Afrikakorps en Libye a constitué également un encouragement pour les éléments nationalistes radicaux d'Égypte, tels les officiers libres dont faisait partie Nasser.

De ce point de vue, j'ai pu apparaître en Asie et en Afrique comme un adversaire du système colonial que je tentais d'introduire en Europe.

Et de ce point de vue, vous avez raison, j'ai manqué d'audace, prisonnier que j'étais de mon allié italien.

– J'ai meilleure mémoire que vous. Puis-je vous citer encore vos libres propos, non plus des premiers mois de la guerre contre l'Union soviétique, mais des derniers mois, quand nous approchions de Berlin.

17 février 1945

L'allié italien nous a gênés presque partout. C'est ce qui nous a empêchés, en Afrique du Nord, par exemple, de faire une politique révolutionnaire. Par la force des choses, cet espace devenait une exclusivité italienne, et c'est bien à ce titre qu'il fut revendiqué par le Duce. Seuls, nous aurions pu émanciper les pays musulmans dominés par la France. Cela aurait eu un retentissement énorme en Égypte et dans le Proche-Orient asservis par les Anglais. D'avoir notre sort lié à celui des Italiens, cela rendait une telle politique impossible. Tout l'Islam vibrait à l'annonce de nos victoires. Les Égyptiens, les Irakiens et le Proche-Orient tout entier étaient prêts à se soulever. Que pouvions-nous faire pour les aider, pour les pousser même, comme c'eût été notre intérêt et notre devoir. La présence à nos côtés des Italiens nous paralysait et elle créait un malaise chez nos amis de l'Islam, car ils voyaient en nous des complices, volontaires ou non, de leurs oppresseurs. Or les Italiens, dans ces régions, sont encore plus haïs que les Français et les Anglais. Le souvenir des barbares représailles exercées contre les Senousis y est toujours vivant. Et d'autre part la ridicule prétention du Duce d'être considéré comme le *Glaive de l'Islam* entretient encore le long ricanement qu'elle suscita avant la guerre. Ce titre qui convient à Mahomet et à un grand conquérant comme Omar, Mussolini se l'était fait donner par quelques pauvres bougres qu'il avait payés ou terrorisés. Il y avait une grande politique à faire à l'égard de l'Islam. C'est raté – comme tant d'autres choses que nous avons ratées par fidélité à l'alliance italienne !

Les Italiens, sur ce théâtre d'opérations, nous ont donc empêchés de jouer l'une de nos meilleures cartes qui consistait à émanciper tous les protégés français et à soulever les pays opprimés par les Britanniques. Cette politique aurait suscité l'enthousiasme dans tout l'Islam. C'est en effet une particularité du monde musulman que ce qui touche les uns, en bien ou en mal, y est ressenti par tous les autres, des rives de l'Atlantique à celles du Pacifique.

– Vous me remuez le fer dans la plaie. Je regrette de n'avoir pas écouté la raison qui me commandait une amitié brutale à l'égard de l'Italie. Je l'aurais manifestée aussi bien dans l'intérêt personnel du Duce que dans celui de son peuple. Je sais évidemment qu'il ne m'aurait pas pardonné cette attitude, je sais qu'il s'en serait offusqué. Mais à cause de ma mansuétude, des choses sont arrivées qui auraient pu ne pas arriver, des choses qui n'étaient pas fatales. La vie ne pardonne pas à la faiblesse.

Je reconnais là votre supériorité, vous méritez bien votre nom de guerre, Staline l'homme d'acier. Votre peuple aussi s'est révélé le plus fort, l'avenir lui appartient, tandis que mes compatriotes me sont apparus inconstants, anarchiques et bornés.

– Cela n'a plus d'importance, pour vous qui êtes profondément un aventurier solitaire. Vous ne savez pas ce que l'histoire fera de vous. S'il n'y avait eu Mussolini, vous seriez apparu paradoxalement comme le libérateur des peuples opprimés au grand dam... de vos admirateurs dans les démocraties.

George Steiner fait bien de vous, dans le roman qu'il vous consacre, un bienfaiteur du peuple juif, à travers le plaidoyer en défense que vous prononcez pour vous-même :

« Considérons honnêtement la question. La Palestine serait-elle devenue Israël, les Juifs se seraient-ils installés sur ce misérable lopin de terre du Levant, les États-Unis et l'Union soviétique, celle de Staline, vous auraient-ils reconnus et garanti la survie s'il n'y avait pas eu l'holocauste ? Ce fut l'holocauste qui vous donna le courage de l'injustice, qui vous fit chasser l'Arabe de chez lui, de son champ, parce qu'il était pouilleux et sans ressource, parce qu'il était l'obstacle sur le chemin tracé par votre Dieu. Ce fut l'holocauste qui vous aida à supporter en toute connaissance de cause que ceux que vous aviez chassés pourrissent dans des camps de réfugiés, à dix kilomètres de là, enterrés vivants dans le désespoir et les rêves d'une folie vengeresse. Peut-être est-ce *moi* le Messie, le véritable Messie, le nouveau Sabataï dont les abominations furent permises par Dieu pour ramener son troupeau au bercail. "Il fallait que le mystère de l'holocauste fût afin qu'Israël recouvrît ses forces." Ces mots ne sont pas de moi, mais de vos visionnaires, ceux qui se mêlent d'expliquer les desseins divins, le vendredi soir à Jérusalem. Ne devriez-vous pas me rendre hommage à moi, qui ai fait de vous des guerriers, qui ai donné une réalité au vieux songe creux qu'était Sion ? Ne serait-il pas de votre devoir d'être un soutien pour mes vieux jours ? »

– Ne confondons pas le sillage qu'on laisse dans l'histoire et que les gens interprètent suivant leurs rêves, et la vie réelle qu'on a menée. Celle-là satisfait mon orgueil, mais laisse mon cœur pantelant.

– Vous oubliez l'amour d'une femme qui accepte, décide même, de vous accompagner dans la mort. C'est là un bonheur que beaucoup peuvent vous envier. Moi, la mienne s'est suicidée, mais sans me prévenir. Sa mort fut une désertion.

VII

Du bon usage des défaites

Quand on relit les propos d'Hitler sur la question coloniale, on est stupéfait par leur évolution en quelques années.

Au départ, quand il se lance à la conquête de l'URSS pour y bâtir un empire pour mille ans, la brutalité de ses propos étonne par son anachronisme. On croirait entendre des esprits distingués d'Occident au XIXe siècle, Herbert Spencer en Angleterre ou Alexis de Tocqueville en France.

Foin d'hypocrisie, les races supérieures, les Européens, ont le droit d'asservir à leur profit les races inférieures, noire, jaune, brune ou rouge, voire les détruire.

Mais depuis ce qu'on appelle le réveil de l'Asie, après la victoire du Japon, puissance asiatique, sur la Russie, puissance d'Europe en 1905, les troubles en Inde, en Indochine, en Afrique du Nord, et la participation de troupes coloniales à la guerre en Europe, le langage des colonisateurs a changé. À côté des droits des « races supérieures » sur les autres, on évoque aussi leurs devoirs. C'est ce que fait Léon Blum en 1925.

Si on force le colonisé à travailler, ce serait pour lui-même et pas pour son maître.

Un chef-d'œuvre dans ce déni de la réalité, au sens psychanalytique du terme, est représenté par un texte de Roger Caillois, qui fut professeur agrégé de lettres, membre du comité directeur des lettres à l'Unesco, directeur de la revue de sciences humaines, *Diogène*, grand prix national des lettres et membre de l'Académie française, que cite Aimé Césaire dans son discours sur le colonialisme :

« Pour moi la question de l'égalité des races, des peuples, ou des cultures, n'a de sens que s'il s'agit d'une égalité de fait. De la même manière, un aveugle, un mutilé, un malade, un idiot, un ignorant, un pauvre [on ne saurait être plus gentil pour les non-Occidentaux !] ne sont pas respectivement égaux, au sens matériel du mot, à un homme fort clairvoyant, complet, bien portant, intelligent, cultivé ou riche. Ceux-ci ont de plus grandes capacités qui, d'ailleurs, ne leur donnent pas plus de droits, mais seulement plus de devoirs...

« De même, il existe actuellement, que les causes en soient biologiques ou historiques, des différences de niveau, de puissance et de valeur entre les différentes cultures. Elles entraînent une inégalité de fait. Elles ne justifient aucunement une inégalité de droits en faveur des peuples dits supérieurs, comme le voudrait le racisme. Elles leur confèrent plutôt des charges supplémentaires et une responsabilité accrue. »

Responsabilité accrue ? Quoi donc, sinon celle de diriger le monde ? s'interroge Césaire.

Charge accrue ? Quoi donc, sinon la charge du monde ?

Et Caillois-Atlas de s'arc-bouter philantropiquement dans la poussière et de recharger ses robustes épaules de l'inévitable fardeau de l'homme blanc.

Mais la réalité, elle, ne change pas et reste la même.

Romain Gary, écrivain et diplomate, Français libre et juif libre, raconte ainsi une visite dans un bordel à Djibouti, un des joyaux de l'empire colonial français :

« Je n'ai pas le temps de dire un mot que déjà elle est nue, assise sur le bord du lit de camp, les jambes ouvertes sur un sexe d'une noirceur qui fait pâlir la nuit...

« Je demeure coi, saisi de stupeur : tout ce corps à soldats est couvert de signatures. Je dis bien, de signatures : des hommes ont fait tatouer leurs noms sur cette véritable pierre tombale sous laquelle reposent les rêves des hommes sans amour. Des noms, des dates, comme sur un lieu de passage. Je lis sur un sein : légionnaire Strauss, 1965 ; caporal Bianchi, 1967... Au-dessus du sexe : Kriloff, roi des b... Où êtes-vous aujourd'hui caporal Bianchi, légionnaires Strauss et Kriloff, est-ce la seule marque que vous avez laissée de votre passage sur la terre ? Quelle mort vous a habités dans la vie ?

« Sur le dos, sur le ventre, des commentaires flatteurs et des précisions sur le fonctionnement de cette pauvre mécanique humaine : se laisse..., s... bien. Je croyais avoir tout vu dans ma vie. Mais pas ces marques abominables de néant intérieur et d'un désespoir haineux, avec leurs relents de fosse commune et d'Eichmann. Tous ces graffiti sur cette tombe vivante, on pourrait les remplacer par ces quelques mots : Ici est venu mourir l'honneur des hommes...

« Ce n'est plus la peine de l'interroger : j'ai eu toutes les réponses. Strauss, Bianchi, Kriloff, je sais maintenant comment, de quelle haine de soi-même sont nés le nazisme et Auschwitz...

« Je paye, je me lève. Elle s'inquiète ; une affreuse inquiétude féminine jusqu'au bout : – Pas assez jolie pour toi, missio ?

« Je lui ai pris la main, je l'ai baisée et je suis parti... »

Cette double référence à Eichmann et à Auschwitz, seul de nos jours un Juif libre peut se la permettre. Qu'il en soit remercié.

Mais soudain, avec les défaites, le regard change. Hitler sur ce point devient lucide, et constate en termes polémiques l'échec de la colonisation :

« Les Blancs ne se sont imposés que par la force, et leur action sur les habitants a été quasiment nulle. Les hindous sont restés des hindous, les Chinois des Chinois, les musulmans des musulmans. Pas de transformations profondes, sur le plan religieux moins que sur les autres et en dépit de l'effort gigantesque des missions chrétiennes. D'assez rares cas de conversions, et dont presque toujours l'on peut suspecter la sincérité, à moins qu'il ne s'agisse de simples d'esprit. Les Blancs ont toutefois apporté quelque chose à ces peuples, le pire qu'ils pussent leur apporter, les plaies du monde qui est le nôtre : le matérialisme, le fanatisme, l'alcoolisme et la syphilis. Pour le reste, ce que ces peuples possédaient en propre étant supérieur à ce que nous pouvions leur donner, ils sont demeurés eux-mêmes. Ce qui fut tenté par la contrainte donna des résultats pires encore. L'intelligence commanderait de s'abstenir d'efforts de ce genre, quand on sait qu'ils sont vains. Une seule réussite à l'actif des colonisateurs : ils ont partout suscité la haine. Cette haine qui pousse tous ces peuples, réveillés par nous de leur sommeil, à nous chasser. Il semble même qu'ils ne se soient réveillés que pour cela ! »

Lui qui traitait les Russes d'Asiates reconnaît que les Asiatiques ne sont pas inférieurs aux Blancs, loin de là :

« Je n'ai jamais pensé qu'un Chinois ou un Japonais nous fussent inférieurs. Ils appartiennent à de vieilles civilisations, et j'admets même que leur passé soit supérieur au nôtre. Ils ont des raisons d'en être fiers comme nous sommes fiers de la civilisation à laquelle nous appartenons. »

Il n'est plus question de stériliser ces peuples, mais, au contraire, de leur reconnaître les droits que leur confère leur fécondité :

« Leurs masses prolifiques et sous-alimentées leur confèrent le seul droit que reconnaisse l'histoire, le droit qu'ont des affamés d'apaiser leur faim – à condition que ce droit soit appuyé par la force ! »

Ces constatations sont bien tardives, mais dès 1940, et sans qu'il l'ait voulu clairement, sa victoire sur la France, la menace qu'il faisait peser sur l'Angleterre fragilisaient leurs empires.

Sans 1940, il n'y aurait pas eu, en mai 1945, les massacres de Sétif et Guelma en Algérie par des militaires et des colons, effrayés par la montée du sentiment national en Algérie.

Sans 1940, les officiers libres égyptiens, dont Nasser et Sadate, n'auraient pas pris contact avec les services allemands.

Sans 1940, le grand mufti de Jérusalem ne se serait pas rendu à Bertchesgaden.

***

Malheureusement, si la défaite ouvre les yeux des vaincus, la victoire aveugle les vainqueurs.

La guerre à peine terminée, les grandes démocraties occidentales, sous des gouvernements socialistes et chrétiens-démocrates, se lançaient dans de sanglantes répressions outre-mer.

L'Angleterre au Kenya, en Rhodésie, en Afrique du Sud.

La Belgique au Congo.

La France au Maroc, en Tunisie, en Algérie, en Afrique Noire, à Madagascar où la répression a fait 75 000 morts. Puis ce fut, de 1946 à 1962, la guerre du Vietnam, suivie de celle d'Algérie causant la mort de centaines de milliers de personnes, et d'innombrables crimes.

Ces guerres étaient présentées hier comme des guerres pour la défense de la démocratie contre le danger communiste.

Et l'on comprend pourquoi dans ces pays les gens ordinaires ricanent quand les prêcheurs venus d'Europe leur parlent des droits de l'homme.

Aujourd'hui c'est au nom de la lutte contre l'obscurantisme prétendu de l'Islam que les États-Unis et leurs alliés européens engagent de nouvelles croisades.

***

Ces répressions, ces révoltes, ces guerres s'accompagnent inévitablement d'excès de part et d'autre. Quand le mouvement d'indépendance est vainqueur, l'Occidental rentre chez lui et chacun juge ou ne juge pas ses criminels.

Quand le mouvement national, par contre, est vaincu, les démocraties occidentales installent un gouvernement à leur dévotion, et celui-ci accepte, avec l'aide de juristes occidentaux, d'organiser le procès des vaincus, afin de leur faire porter la responsabilité de tous les malheurs issus de l'agression occidentale.

C'est ce qui se passe au Cambodge où un prétendu tribunal international se prépare à condamner les dirigeants survivants des Khmers rouges.

Mais ce que les organisateurs de tels procès oublient, c'est qu'un procès ne fonctionne pas comme un ordinateur, il n'obéit pas aux lois de la physique. Parce que les hommes y jouent leur vie et leur honneur, les forces morales les mènent, et l'accusation finit par importer moins que l'accusé auquel ses compatriotes finissent par s'identifier, surtout quand il est couvert de crachats par l'étranger.

L'exemple des funérailles de Ta Mok, présenté officiellement comme le plus grand criminel de son temps, est de ce point de vue particulièrement éloquent.

Sous le titre « Le boucher Khmer rouge Ta Mok enterré sous les louanges », l'agence de presse Swiss-info relate :

« Anlong Veng – Un millier de fidèles ont assisté avec dévotion à l'enterrement de Ta Mok. Surnommé "Le Boucher" pour les atrocités qui lui sont imputées, l'ancien dirigeant Khmer rouge est décédé vendredi avant d'avoir pu être jugé par un tribunal parrainé par l'ONU.

« Vêtus de blanc et portant des brins d'encens, les partisans du dernier leader Khmer rouge ont assisté à la procession funèbre dans le village d'Anlong Veng (nord), ancien bastion Khmer rouge situé à la frontière avec la Thaïlande où Ta Mok avait le statut de seigneur local.

« Dans le brouhaha des pétards, le corps a été enterré dans ce qui deviendra bientôt un mausolée, assurent les habitants.

« Ta Mok, décédé à l'âge de 80 ans, était détenu dans une prison militaire depuis 1999 après avoir été inculpé de crimes contre l'humanité. Il avait renversé en 1997 Pol Pot à la tête de ce qui restait de la force rebelle, devenant ainsi le dernier chef Khmer rouge. »

Et l'ex-roi Norodom Sihanouk qui ne l'aime pas doit constater, désabusé :

« Dans certains endroits (à Anlong Veng, sanctuaire des Khmers rouges, dans la province de Takeo, province natale de Ta Mok, etc.) on construit des Stupas, d'autres monuments, on érige des statues pour honorer Ta Mok, à l'égal de Jeanne d'Arc en France ! Affameur du peuple, Ta Mok devient le Père de la Politique de l'Eau à l'ère du Kampuchea démocratique, et le dieu dispensant bien-être, prospérité, abondante nourriture, santé publique avancée, à la nation tout en honorant le bouddhisme (alors assassiné et humilié au maximum par les Khmers rouges). »

Mais les démocrates occidentaux et assimilés considèrent que la justice est l'affaire de leurs techniciens, et dénient toute légitimité au jugement des peuples.

Quand le 19 juin 1953, Ethel et Julius Rosenberg, accusés aux États-Unis d'espionnage au profit de l'URSS, furent exécutés, j'habitais Prague. J'ai été bouleversé.

Que m'importait que l'accusation fût fondée ou non, ce que je retenais d'eux, c'était l'exemple d'un homme préférant s'asseoir sur la chaise électrique plutôt que de se renier, d'une femme préférant l'y rejoindre plutôt que de séparer son sort du sien devant la mort ; c'est le silence obstiné du téléphone installé en vue d'un éventuel reniement.

Cela, les simples gens peuvent le comprendre, mais pas les juges ni les politiciens.

VIII

Les fourmis et l'éléphant

Au XIXe siècle, Européens et Américains du Nord étaient darwinistes. La sélection naturelle favorisait les plus forts. Il appartenait donc aux plus forts de diriger le monde et de réduire les plus faibles en esclavage, voire de les détruire.

Cette idéologie a prospéré jusqu'à nos jours.

Mais de quelle force parlait-on ? De la force matérielle évidemment, celle des canons et bientôt des chars d'assaut et des avions ; de l'énergie nucléaire enfin.

Un seul intellectuel en France fut d'un avis différent, Stendhal. Non qu'il n'admirât pas la force mais la force qu'il admirait, disait-il, une fourmi peut en avoir plus qu'un éléphant. Cela s'appelle aussi la force d'âme. Enchaînée hier, elle se libère aujourd'hui de ses chaînes. Et dans ce combat de la force d'âme contre la force matérielle, de la fourmi contre l'éléphant, c'est la fourmi qui triomphe.

C'est ce que pensait Nietzsche, que des droits-de-l'hommistes bornés (c'est un pléonasme) me reprochent d'aimer quand il écrivait dans *Le Crépuscule des idoles* « Les faibles l'emportent de plus en plus sur les forts : – c'est qu'ils ont pour eux le nombre, et c'est aussi qu'ils sont *plus intelligents*... Darwin a oublié l'esprit (c'est bien anglais !), or *les faibles ont davantage d'esprit*... Il faut avoir besoin d'esprit pour arriver à avoir de l'esprit – on le perd quand on n'en a plus besoin. Qui a la force se passe fort bien d'esprit *Ne t'y attache pas*..., pense-t-on aujourd'hui en Allemagne, *Le Reich nous appartient*... Par esprit, on le voit, j'entends la prudence, la patience, la ruse, la dissimulation, l'empire sur soi, et tout ce qui est *mimicry* (à quoi il faut rattacher une grande partie de la prétendue vertu). »

Les pieds de l'éléphant dans la fourmilière

Au jour de la victoire contre le nazisme à laquelle avaient participé les fourmis de l'empire, l'éléphant gaulois se dit qu'il lui fallait à nouveau remettre les pieds dans la fourmilière africaine pour briser les aspirations à l'indépendance nées de la lutte menée en commun. Rasseoir la domination doit se faire comme toujours dans le sang, pensa l'éléphant.

À Sétif et à Guelma en Algérie, les nationalistes avaient prévu de célébrer le 8 mai 1945 la victoire alliée par des manifestations pacifiques. Les responsables avaient pris soin de demander aux manifestants de venir sans armes et, le jour de la manifestation, avaient fait déposer à la mosquée les bâtons et cannes des manifestants.

Mais, de leur côté, si elles avaient autorisé la manifestation, les autorités coloniales avaient tout préparé pour qu'elle dégénère en bain de sang. Des provocateurs avaient été glissés parmi la foule, des armes avaient été distribuées aux colons les plus extrémistes et même à des prisonniers fascistes italiens lâchés pour l'occasion, ordre avait été donné aux policiers de tirer sans sommation sur les passants réclamant l'indépendance ou les porteurs du drapeau algérien.

Avant même que les cortèges n'atteignent leur but, les monuments aux morts qu'ils devaient fleurir, la police tirait, relayée bientôt par gendarmes, gardes mobiles et civils armés.

La foule se dispersait mais en colère s'attaquait à des colons. La provocation avait réussi. Il ne restait plus aux milices, à l'armée, à l'aviation, à la marine de guerre qu'à perpétrer le massacre, qui s'étendit bientôt à toute la région.

À Chevreul, la milice exécutait les « suspects » par groupes de vingt. Avant la fusillade, les hommes qui allaient mourir étaient contraints de creuser les fosses de ceux qui venaient d'être tués. À Guelma, avec le sous-préfet Achiary, pas de demi-mesures. Il ordonna, sans s'embarrasser de contrôles inutiles, l'arrestation de centaines d'Algériens. Les colons, à qui il avait distribué des armes, lui prêtaient main forte. Les prisonniers étaient transportés par camions en dehors de la ville, jusqu'au lieu-dit « Kef el Boumba » (le Gouffre de la Bombe), sur la route d'Héliopolis, où ils étaient abattus à la chaîne. Le sous-préfet invita personnellement les Européens à participer aux massacres « Messieurs les colons, vengez-vous ! » leur lance-t-il. Dans le lot sont exécutés tous les joueurs de l'équipe de football « *Espérance sportive guelmoise* ». Les corps, arrosés d'essence, furent brûlés sur la place de l'Église ou dans les fours à chaux d'Héliopolis. Ailleurs, la Légion et les Tabors écrasaient sous les roues de leurs chars des groupes entiers de prisonniers enchaînés. Ils volent, violent, torturent et tuent. Un témoin a vu des légionnaires prendre des nourrissons par les pieds, les faire tournoyer et les jeter contre les rochers.

La répression est d'une sauvagerie qui fait revivre les premiers temps de la conquête. Blindés et artillerie, aidés par l'aviation, pilonnent la « zone de dissidence ». Depuis la côte de Bougie, les canons du croiseur *Duguay-Trouin* écrasent les douars de la région d'Oued Marsa et Timinoun. On tire à vue.

« *It was an open season* » (« c'était la chasse à volonté »), écrira un journaliste américain, la chasse ouverte à l'Arabe. À Sétif, la plupart des civils européens sont armés. Les musulmans ne peuvent circuler, sauf s'ils portent un brassard blanc délivré par l'autorité sur justification d'un emploi dans un service public. Permis de tuer est accordé aux colons. En plein centre de la ville, un Européen rencontre un Arabe non porteur de brassard. Il le tue d'un coup de revolver. Nul ne proteste. Dans un jardin, un enfant joue. Il est tué comme un pantin à la fête foraine.

Officieusement, dans l'entourage du général Duval, on parle de 7 500 victimes algériennes. Le général Tubert, qui dirige une commission d'enquête dans la Constantinois quelques jours après les événements, avance le chiffre de 15 000. Le consulat américain d'Alger retient celui de 40 000 à 45 000. Les nationalistes (qui ont organisé leur propre recensement) parviennent aussi à cette dernière estimation.

Les victimes européennes sont au nombre de 104 selon le général Tubert.

Après le massacre, les autorités procèdent à des arrestations massives (5 000 à 10 000 suivant les estimations). Les condamnations (dont 99 peines de mort) frappent 1 500 prévenus algériens. La plupart des dirigeants nationalistes sont arrêtés. Ferhat Abbas et le cheikh Ibrahimi qui venaient de féliciter

Yves Châtaigneau à l'occasion de la victoire sont appréhendés dans les bureaux du gouvernement général. Leurs amis, Ahmed Boumendjel, Kaddour Sator, Aziz Kessous, directeur de l'organe des Amis du Manifeste et de la liberté, *Égalité*, sont arrêtés les jours suivants, ainsi que les responsables du Parti populaire algérien, qui ne sont pas parvenus à se mettre à l'abri. Parmi eux le futur martyr de la bataille d'Alger Larbi Ben M'Hidi.

Le général Duval, lui, a tiré ses propres conclusions : « Je vous ai donné la paix pour dix ans, écrit-il à ses supérieurs. Mais il ne faut pas se leurrer. Tout doit changer en Algérie. »

L'éléphant pris au piège de sa suffisance

Dix ans après ce sera un 1er novembre 1954, le début de la révolution.

Les fourmis ont la vertu de patience et savent qu'il y a un jour qui s'appelle demain. Il est vrai qu'à l'autre bout de l'empire, quelques mois plus tôt, le 7 mai 1954, l'éléphant subissait sa première défaite militaire à Diên Biên Phu au Vietnam.

Diên Biên Phu fut occupé en novembre 1953 par les parachutistes français. Le site en forme de cuvette et complètement isolé présentait deux avantages aux yeux de l'éléphant :

1, Le site rendait impossible l'utilisation de l'artillerie par les Vietnamiens sur les hauteurs car ils seraient immédiatement repérés.

2, L'isolement du lieu rendait impossible l'approvisionnement d'une armée assiégeante alors que celui des Français pouvait se faire par avion.

L'éléphant se trompait sur les deux points. Il n'avait pas prévu que les fourmis, la nuit, remettraient entièrement en état les routes, transporteraient sur leur dos ou sur des bicyclettes ravitaillement et pièces détachées des canons qu'elles remontaient dans des grottes également de nuit, si bien que le jour de l'assaut venu, le 13 mars 1954, elles pourraient bombarder le camp retranché et rendraient inutilisable le terrain d'aviation ; et c'est l'éléphant qui se trouvait isolé.

La fourmi a le nombre, l'endurance, le courage, la patience et l'intelligence que n'ont plus les éléphants repus. Le piège tendu par l'éléphant aux fourmis se refermait sur lui-même.

La défaite de l'éléphant français déçut l'éléphant américain, le roi des éléphants, et il prit sa relève. Ce qui va donner aux fourmis vietnamiennes l'occasion de vaincre une deuxième fois.

Le Vietnam est devenu ainsi le cimetière des éléphants.

Le roi des éléphants est riche

Il a consacré à la guerre du Vietnam 110 millions de dollars de matériel et dépensé 900 millions en frais indirects de la guerre.

Dans l'armée américaine, seulement un homme sur cinq participe au combat, les quatre autres sont comme des *soigneurs* sur un ring autour d'un champion, ils s'occupent de la logistique, de la nourriture, des transports.

Le GI ne se déplace pas à vélo comme le partisan vietnamien. Il est motorisé, est nourri richement, même l'eau qu'il boit vient des États-Unis. 100 hélicoptères et 18 hôpitaux lui sont réservés si jamais il est blessé. L'armée française était sans doute beaucoup moins bien lotie mais elle aussi était obèse : la partie statique ou à mobilité réduite de l'armée absorbait les 9/10° des effectifs. À une troupe viet-minh de 350 000/400 000 hommes dont la plus grande partie était libre de ses mouvements, on opposait une armée de 500 000, mais presque tout entière statique.

En 1965, l'aviation américaine a effectué 55 000 vols et versé 33 000 tonnes de bombes sur les lignes vietnamiennes. 171 avions ont été abattus. 1 300 Vietnamiens ont été tués, pour la plupart des civils.

La machine de guerre vietnamienne n'a pas été atteinte dans ses forces vives.

Le roi des éléphants a peur

Le roi des éléphants aime la guerre en dentelles ou la guerre électronique où l'on tue en se salissant l'âme mais pas les mains. Il n'est plus habitué à combattre des pouilleux. Il n'est pas loin de considérer l'embuscade, la surprise, le piège comme des crimes contre l'humanité... et vit encore plus mal la réprobation muette des populations. Paniqué, il sent monter en lui la haine des « Jaunes » qu'il rêve de détruire selon le mot d'ordre « *search and destroy* », mais la tâche devient de plus en plus difficile malgré 1 500 sorties aériennes hebdomadaires.

Alors le roi des éléphants pour oublier sa peur se drogue. Les 3/4 de l'armée fument la marijuana et des dizaines de milliers « voyagent » à l'héroïne.

En 1973, les services américains ont découvert une filière qui utilisait les cadavres des GI pour le transport de la drogue.

Le roi des éléphants devient fou

« Nous sommes fatigués de mourir pour rien », écrivait en 1969 le soldat Johnson de la 1re division de cavalerie.

Comme des bêtes en arrivent à se blesser elles-mêmes, l'armée en arrive à retourner les armes contre elle-même. On recense des centaines de fois où des soldats ont lancé sur leurs officiers des grenades à fragmentation. Gens du Sud, Noirs, Chicanos, Portoricains par ailleurs s'opposent les armes à la main. En mars 1971, un capitaine est tué à Saigon. À Saigon encore, des soldats noirs manifestent le poing levé pour réclamer la paix en brandissant l'effigie de Martin Luther King.

Contre les Vietnamiens, combattants ou civils, la haine s'exprime ouvertement du haut au bas de la hiérarchie, bombardements au napalm de cibles civiles transformant des enfants en torches, bombardements de produits chimiques sur des zones entières causant la mort de centaines de milliers de personnes et des tares héréditaires pour les enfants ou petits-enfants des personnes atteintes.

Et, au bas de l'échelle, ce sont des assassinats sadiques de populations civiles à l'exemple des massacres de My Lai du 16 mars 1968 où le lieutenant Calley, de la division américaine engagée dans la province du Quangugai, a ordonné et dirigé le massacre de tout un village : My Lai, entre 100 et 500 victimes selon les sources. « C'est l'armée qui a fait de notre fils un assassin », devait déclarer la mère d'un des soldats de My Lai.

Le roi des éléphants était devenu criminel et il continue à l'être. Il est urgent de lui arracher ses défenses cariées et mettre à nu la plante de ses pieds. Qu'il ne puisse plus nous marcher dessus.

IX

La beauté du diable

Le procès de Nuremberg aurait pu être le plus fascinant de l'histoire. Il ne l'a pas été. Ses organisateurs sans imagination, pétris de bonne conscience et de douteuses arrière-pensées, ses accusés médiocres flottant dans leurs crimes trop grands pour eux, les uns et les autres se réclamant de la même morale, ne l'ont pas voulu.

Les artistes en sont absents. Pas d'accusé comme Gilles de Rais assumant tous ses actes. Pas de procureur comme Saint-Just jetant le masque de la légalité.

Même pas la sombre beauté des procès de Moscou où tout le monde mentait mais en cohérence implicite avec une morale folle.

L'approche de la mort souvent grandit les hommes, ici elle les rapetisse tous.

Nuremberg c'est le triomphe de la médiocrité, les plus grands massacres commis en Europe y ont été évoqués pour rien.

***

Gilles de Rais dont les crimes valaient bien ceux d'un SS les assume dans toute leur horreur ainsi que le rapporte le jugement de la cour ecclésiastique : « Ledit Gilles de Rais [...] dit et confessa volontairement, librement et douloureusement avoir méchamment perpétré sur de nombreux enfants les crimes, les péchés et les délits d'homicide et de sodomie, il confessa également avoir commis les évocations des démons, les oblations, les immolations, les promesses et les obligations faites aux démons... »

Il ne lui suffit pas d'avouer, il entre dans les détails qui l'accablent.

Il confessa qu'« il émettait la semence spermatique de la façon la plus coupable sur le ventre desdits enfants tant avant qu'après leur mort ; auxquels enfants quelquefois lui-même et parfois d'autres ou ses complices infligeaient divers genres et manières de tourments ; tantôt ils séparaient la tête du corps avec des dagues, des poignards et des couteaux, tantôt ils les frappaient violemment sur la tête avec un bâton ou d'autres objets contondants, tantôt ils les suspendaient dans sa chambre par une perche ou par un crochet avec des cordes et ils les étranglaient, et quand ils languissaient, ils commettaient avec eux le vice sodomite... Lesquels enfants morts il embrassait et ceux qui avaient les plus belles têtes et les plus beaux membres, il les donnait à contempler et il faisait cruellement ouvrir leurs corps et se délectait à la vue de leurs organes intérieurs et très souvent quand lesdits enfants mouraient, il s'asseyait sur leur ventre et il prenait plaisir à les voir mourir ainsi et il en riait [...] après quoi, il faisait brûler et convertir leurs cadavres en poussière ».

Il demande que sa « confession [...] fût publiée en langue vulgaire pour ceux qui ne parlaient pas latin et que la publication soit exposée pour sa honte afin qu'il obtienne plus facilement la rémission de ses péchés ».

Il ne rejette la responsabilité de ses crimes sur personne d'autre que lui-même : « Interrogé sur ce qui l'avait induit aux crimes susdits et qui lui avait enseigné la façon de les commettre, il répondit qu'il les fit et les perpétra suivant son imagination et sa pensée, sans le conseil de personne et selon ses propres sens, seulement pour son plaisir et sa délectation charnelle... »

Il y a dans ces confessions et dans l'attitude de Gilles de Rais durant son procès des aveux et des comportements qui étonnent, et font échapper sa tragédie à la pornographie ou au Grand Guignol.

Le maréchal date ses premiers crimes de l'année 1426. Il n'a que vingt-deux ans et il participe à des guerres où sa cruauté à l'égard de l'ennemi, jeune comme lui, peut déjà s'exercer.

Par un double arrêt de la cour ecclésiastique, Gilles de Rais fut déclaré en premier lieu « coupable de la perfide apostasie hérétique ainsi que de l'horrible évocation des démons », en deuxième lieu « coupable d'avoir commis et méchamment perpétré le crime et le vice contre nature avec des enfants de l'un et l'autre sexe selon la pratique sodomite ». Il fut en outre excommunié, mais cette promulgation faite, les juges proposent au maréchal de le réincorporer dans l'Église. Celui-ci les en prie alors, en suppliant « dévotement à genoux, avec des soupirs et des gémissements [...]. » Il demande enfin à son juge de prier l'évêque d'ordonner pour le lendemain matin « une procession générale pour demander à Dieu de maintenir en lui et ses dits serviteurs le ferme espoir de salut ». Le président la lui accorde. Après la procession, que suit une immense foule, le maréchal de France est pendu, puis livré aux flammes, d'où son corps est bientôt retiré. Il est alors enseveli « par quatre ou cinq dames ou demoiselles de grand état ».

Gilles de Rais a su faire de son supplice une apothéose. L'aveu de ses crimes faisait de lui l'être d'exception qu'il avait toujours voulu être, mais son repentir, ses pleurs l'avaient rendu semblable à tous ceux qui, en une immense procession, l'accompagnèrent au supplice. De la Tour Neuve, où il avait été jugé, à la prairie hors de la ville où le bûcher et la potence avaient été dressés, la foule entonna les prières et les chants d'église qu'il avait tant aimés de son vivant. D'autres chants l'attendaient dans l'église où il fut enseveli et sa mort devient un spectacle hors du commun, à l'égal de celui de sa vie.

***

À la différence de Gilles de Rais, aristocrate croyant en Dieu, les accusés de Nuremberg étaient des bourgeois qui ne croyaient en rien tout comme leurs juges.

Le comportement du plus intelligent d'entre eux, Albert Speer, grand architecte du Reich puis ministre de l'Armement, illustre parfaitement cette connivence entre les accusés et leurs accusateurs. La fortune de Speer venait de l'amitié passionnée qui l'unissait à Hitler.

La mort de Hitler lui fit mal mais acheva de le libérer. Une nouvelle vie pouvait commencer. Si l'Allemagne avait gagné la guerre, Speer aurait dessiné des villes nouvelles dans la Russie conquise, construit pour le Führer, son ami, une villa palladienne à Sotchi et continué d'ignorer les morts des camps de Dora ou d'Auschwitz. L'Allemagne vaincue, il admet sa responsabilité politique mais nie avoir eu connaissance des faits qu'il condamne. Cette attitude de connivence avec le tribunal, cette façon de se démarquer de ses anciens amis lui vaudront les circonstances atténuantes et une jolie carrière après la prison.

Speer, dont on ne peut contester l'intelligence, prévoit déjà la guerre froide. Il épousait non pas la cause des Alliés mais, comme le notait Bradley Smith, « la cause anglo-américaine » jusque dans son antisoviétisme virtuel qu'il avait perçu immédiatement. Il confiait à l'un de ses interlocuteurs que l'Amérique avait commis une erreur en ne s'alliant pas avec Hitler contre l'Union soviétique ; d'ailleurs il ne mentionne jamais les 20 000 000 de Slaves victimes des armées nazies.

Par contre il comprenait que les Juifs disposaient d'influence. Du coup, il nie avoir su le sort qui leur était réservé même quand chargé de remodeler Berlin pour en faire la capitale du monde, il les faisait expulser de leurs logements et conduire à la gare par les SS. Il se souvient tout de même, parce que la scène est shakespearienne et qu'il est un esthète, d'une conférence au quartier général dans la première moitié de 1943 où, « regardant par la fenêtre ouverte et tournant le dos à lui-même ainsi qu'aux généraux, Hitler déclara soudain : « "Messieurs, les ponts sont brûlés derrière nous." Il le dit très calmement, presque indifférent, sans emphase ni grandiloquence. » Speer sentit un frisson glacé lui parcourir l'échine et se souvient très clairement d'avoir eu un terrible pressentiment, l'impression soudaine de quelque chose d'effroyable. « Je pense aujourd'hui qu'il voulait parler de ce qui avait été fait aux Juifs. » Malheureusement pour Speer, Hitler avait de la suite dans les idées. Pour que personne n'ose un jour prétendre avoir ignoré la Solution finale, il ordonnait que, lors de trois conférences de responsables à Posen, Himmler les en informe.

C'est donc le 30 septembre 1943 que la chancellerie du parti notifia à tous les Reichsleiters et Gauleiters ainsi qu'à Speer et Rosenberg d'être présents le 6 octobre pour une conférence où Himmler déclarait : « Je désire vous parler maintenant, dans le cadre de ce cercle des plus restreints, d'une question que vous, mes camarades de parti, avez depuis longtemps acceptée comme allant de soi, mais qui est devenue pour moi le poids le plus lourd de ma vie : la question des Juifs. Vous vous réjouissez tous du fait évident qu'il n'y a plus de Juifs dans vos provinces. Tous les Allemands, à de rares exceptions près, ont parfaitement conscience que nous n'aurions pas pu tenir sous les bombardements et les tensions de cette quatrième – bientôt peut-être cinquième, voire sixième – année de guerre, si cette pestilence destructrice avait encore été présente dans notre corps politique. La courte phrase, “les Juifs doivent être exterminés”, est facile à prononcer. Je vous demande d’écouter ce que je vais vous dire aujourd’hui, mais de ne jamais en parler. Nous sommes, voyez-vous, confrontés à la question : que faire des femmes et des enfants ? Et j’ai décidé, ici aussi, d’adopter une solution sans équivoque. Car je ne trouvais pas justifié d’exterminer – c’est-à-dire de tuer ou de donner l’ordre de tuer – les hommes, tout en laissant grandir leurs enfants pour qu’ils prennent un jour leur revanche sur nos enfants ou petits-enfants. Il a fallu prendre la terrible décision de faire disparaître ces gens de la surface de la terre. Pour l’organisation chargée de mettre cet ordre à exécution, ce fut le plus difficile... Je pense pouvoir dire que cette tâche a été menée à bien sans endommager l’esprit de nos hommes et de nos chefs. Le danger était grand, et toujours présent. Car la différence entre les deux possibilités... devenir cruel et sans cœur et ne plus respecter la vie humaine ou devenir moins dur et succomber à la faiblesse et à la dépression nerveuse... la voie est dramatiquement étroite, entre Charybde et Scylla. À la fin de l’année, la question des Juifs sera réglée dans les pays que nous occupons... Vous ne douterez pas que la question économique présente de nombreuses difficultés, par-dessus tout le nettoyage des ghettos : dans celui de Varsovie, nous avons connu quatre semaines de batailles de rue, quatre semaines à nettoyer bunker après bunker. Comme ce ghetto produisait des manteaux de fourrure et des textiles, on nous a empêchés d'en prendre le contrôle quand cela aurait été facile : on nous disait que nous interférions avec des productions stratégiques. "Arrêtez ! disaient-ils, ceci est une production de guerre !" C'est précisément ce genre de prétendues productions de guerre que le camarade de parti Speer et moi nettoierons au cours des prochaines semaines. Nous ferons cela sans y mettre le moindre sentiment. »

De ces crimes, Speer, dans une longue lettre au Board of Deputies des Juifs d'Afrique du Sud du temps de l'apartheid, endosse la responsabilité collective mais pas personnelle. Un déni élégant de sa responsabilité.

Technocrate, Speer a admis que, pour construire Germania la capitale du monde, on chassât les Juifs de leurs appartements. Que les SS les conduisent ensuite à la gare le laissait indifférent. Il a accepté comme une chose nécessaire que pour construire l'arme nouvelle des fusées, on fasse travailler à coups de fouet des déportés jusqu'à épuisement. Il pressentait à Nuremberg l'arrivée de l'ère des managers avec tous ses dangers d'inhumanité : « Le cauchemar de beaucoup d'hommes, cette peur de voir un jour la technique dominer les peuples, a failli se réaliser dans le système autoritaire de Hitler. Tout État au monde court aujourd'hui le danger de passer sous le règne de la terreur née de la technique. » Un cri de sa part eût bouleversé le procès. Il n'en fut rien. L'éclair d'Hiroshima, l'éclair de Nagasaki pourtant illustraient parfaitement ce cauchemar. Speer préféra les passer sous silence. Ignorant le danger présent venant des États-Unis, il montra du doigt l'URSS « dans une dictature moderne, elle me semble inéluctable ».

Parlant au nom des droits de l'homme et de l'humanité, les procureurs aussi auraient pu parler un langage de vérité. Il n'en fut rien. On n'imagine certes pas le major général Rudenko dénonçant le massacre des officiers polonais à Katyn. Et les représentants des démocraties occidentales n'auraient pas risqué la mort à dénoncer les propres crimes de leur gouvernement. Aucun n'eut ce courage.

Au contraire, les représentants français et anglais écoutaient avec complaisance le docteur Schacht, qui fut un certain temps le grand argentier du führer, expliquer qu'il était contre la conquête d'un empire colonial en Europe mais partisan par contre de la conquête par le Reich d'un empire colonial en

Afrique (à la différence des Blancs, les Noirs étant, sans doute, prédestinés à l'esclavage) avec l'accord de la France et de l'Angleterre.

« Schacht, écrit Casamayor dans son compte rendu du procès, nie avoir été partisan d'une extension européenne, mais se déclare ferme partisan d'une expansion coloniale en ajoutant qu'il prit contact, pendant l'été 1936, avec Paris et que le gouvernement de Léon Blum fit preuve d'une heureuse compréhension. "Léon Blum entreprit, en accord avec moi, d'instruire le gouvernement britannique de nos entretiens et d'obtenir son approbation. [...] Le gouvernement britannique hésita pendant des mois à prendre position. La guerre d'Espagne interrompit les négociations." Lorsqu'un témoin, Fuller, déclare que Schacht aurait mis le marché en main à l'Angleterre en disant que si l'Allemagne ne pouvait pas obtenir des colonies par la négociation, elle les aurait par la force, il ne se démonte pas et se contente de dire : "Dans un drame allemand bien connu, un intrigant est chargé par un tyran de perdre un homme d'honneur. [...] Dites-moi un seul mot prononcé par cet homme, et je le ferai pendre. [...] Il n'y pas dans cette salle un seul homme qui n'ait pas prononcé un mot maladroit." Et tous de rire, hommes du même monde. »

Quant au procureur américain Jackson qui prétendait parler au nom de la « civilisation » :

« la véritable partie *plaignante* à votre barre est la civilisation », il n'avait jamais entendu parler d'Hiroshima.

Dans sa péroraison, tirant les leçons du procès, Lord Shawcross, procureur de la reine, y vit le triomphe du bon sens. Hélas !

***

Un seul homme dans toute cette bande avait le sens du tragique et le goût du spectacle mais il s'est suicidé avant le procès car il ne s'était trouvé personne pour le convaincre que mourir pendu au terme d'un procès aurait frappé l'opinion plus qu'un suicide, pour lui apprendre qu'un procès est un lieu magique où, en position de majesté, il aurait pu poser à l'humanité les vraies questions sur l'existence du mal, interrogé devenant interrogateur : « Homme de bien, démocrate disert, es-tu vraiment différent de moi ? »

Il aimait l'opéra et personne ne lui a dit qu'un procès peut être un opéra.

Personne ne lui a expliqué que la gravité de l'accusation ferait de lui ce diable que le peuple, tour à tour, craint ou appelle à l'aide.

Le visage de Barbe Bleue n'est pas le même chez Perrault et chez Bartok et il se trouverait bien dans un siècle un nouveau Bartok pour affirmer qu'à

Bertchesgaden, derrière la porte dont lui seul avait la clé, s'étendait sous un ciel d'orage un océan rempli de ses larmes.

X

Des voix dans la nuit

Le temps passe. Il n'y a plus de guerre ou de révolution où je puisse m'engager totalement comme je l'ai fait en 1942 et en 1957. À la limite puis-je apporter mon aide ponctuelle à ceux qui, au loin, se battent encore et toujours.

N'étant pas rentier j'ai accepté des dossiers de droit commun. Je sais comme les mots droit commun pourraient vous apparaître comme minables par rapport aux combats politiques que nous avons menés et c'est une erreur. Je voudrais vous le démontrer.

Un dossier de justice est le sommaire d'un roman ou d'une tragédie. Mais si le roman a la forme que le romancier lui donne, le procès n'a jamais la forme que le juge lui prévoit. C'est qu'il ne fonctionne pas comme un ordinateur. Il n'obéit pas aux lois de la mécanique. L'énergie peut y accomplir des miracles. Il n'est nulle part ailleurs donné à un homme seul autant de chances de vaincre autant de forces coalisées. Est vaincu qui laisse tomber ses armes. Il est le trébuchet des cœurs.

Rien n'est plus émouvant que ce combat de l'homme seul contre tous, contraint de mettre en jeu ce qu'il a de plus précieux, sa liberté, sa fortune, son bonheur, le regard des autres sur lui, son propre regard au risque de tout perdre.

Ni l'amour ni la guerre ne le somment avec tant de force de révéler qui il est, qui il devient. Un dossier de justice est l'argument d'un roman ou d'une tragédie mais ce roman est inachevé ; il manque à la tragédie le cinquième acte. C'est le procès qui conclut le roman ou la tragédie, et lui donne un sens.

La parenté entre le judiciaire et le littéraire n'est pas seulement de forme. Elle est aussi une parenté de fond.

Rappelons-nous le dernier film qui nous a émus, le dernier roman qui nous a bouleversés, la dernière pièce de théâtre qui nous obsède encore. De quoi s'agit-il sinon d'une transgression ? Il me serait trop facile de citer tous les drames de Shakespeare et tous les romans de Dostoïevski. Même en quittant cet univers torride, on ne quitte pas l'infraction. Elle est là, omniprésente comme dans la vie, dans

Stendhal et dans Laclos, dans Gide et dans Thomas Mann, dans Kundera et dans Truman Capote ou Norman Mailer, chez François Mauriac et Julien Green. C'est l'accusé que le romancier place au centre de son roman, qu'il s'incarne dans Julien Sorel ou dans Gatsby, dans Thérèse Desqueyroux ou dans la marquise de Merteuil. C'est à lui que le metteur en scène donne le visage de Gabin, de Gérard Philippe ou d'Orson Welles. C'est lui que, lecteur ou spectateur, nous interrogeons sur cette part d'ombre que nous sentons en nous.

Car le criminel n'est pas différent de nous. C'est un homme aussi, avec deux yeux, deux mains, un sexe et un cœur. L'humanité ne se divise pas en deux parties, dont l'une serait tout humaine et l'autre tout inhumaine, ainsi que le rappelait, au lendemain de la dernière guerre mondiale, Elio Vittorini. Qu'est-ce que l'homme ? Qu'est-ce que l'humain ? Qu'est-ce que l'inhumain ? Une bête n'est pas inhumaine, seul l'homme peut être inhumain. L'inhumanité fait encore partie de l'homme. L'aptitude au crime, c'est-à-dire à l'infraction, n'est pas un signe d'animalité. C'est au contraire un signe d'hominisation.

Les bêtes n'ont pas ce souci. Elles vivent sans s'interroger depuis des millions d'années, dans la ruche, les ouvrières butinent, les reines pondent.

Dans l'océan, les marsouins évoluent en troupes joyeuses. Dans la savane, la lionne mange la gazelle ; c'est la règle, elle ne tue pas ses enfants comme Médée.

C'est seulement dans la société humaine que les ouvrières, un jour, décident de ne plus butiner sept jours sur sept, que les reines réclament l'interruption volontaire de grossesse, et les hommes, à la différence des loups, se mangent entre eux. Du même coup, la société humaine, à la différence de la société animale, cesse d'être répétitive, elle change sans cesse. Elle conquiert une histoire. L'individu fait son apparition. Il a un destin.

De ces changements qui remettent en cause tout absolu, nous vivons l'expérience au cours d'une simple vie d'homme.

Quand j'étais avocat stagiaire, il m'est arrivé souvent d'être commis pour défendre devant le tribunal correctionnel des étudiantes qui s'étaient fait avorter, audiences d'une tristesse infinie, où les jeunes filles se culpabilisaient elles-mêmes, humiliées de se retrouver assises aux côtés d'une faiseuse d'anges sordide, affolées à l'idée qu'un ami, une connaissance, un journaliste indiscret pût se trouver dans la salle. Aujourd'hui, elles regardent, songeuses, leur fille adolescente se rendre à la pharmacie, avec à la main l'ordonnance d'un médecin qui ne risque plus rien.

Il m'est arrivé également, vous le savez, camarades, d'être désigné pour les défendre par des frères du FLN, poursuivis pour ce qu'ils considéraient comme des actes de guerre et les tribunaux comme des assassinats. Je me rappelle l'atmosphère électrique des procès, les huées de la salle, les admonestations de l'Ordre...

Aujourd'hui, quand mes anciens clients et frères débarquent à Orly, le protocole déroule un tapis rouge sous leurs pas.

Spécificité du judiciaire

Dans les *Antimémoires*, André Malraux note que : « Les trois grands romans de la reconquête du monde ont été écrits, l'un par un ancien esclave, Cervantès, l'autre par un ancien bagnard, Dostoïevski, le troisième par un ancien condamné au pilori, Daniel Defoe. »

Malraux, qui a connu lui-même la prison, nous renvoie aux confins du judiciaire et de la littérature. Même s'il est proche du roman, du théâtre, du cinéma, le procès a son territoire propre, irréductible. L'œuvre littéraire sent l'encre. L'œuvre judiciaire sent le sang. Elle a un goût de chair, et qui en a goûté ne peut plus s'en passer. Serial plaideur pour une série d'acmés dont aucune ne ressemble à l'autre.

Par empathie, l'avocat doit comprendre toutes les situations. Comprendre n'est pas excuser. Il n'a pas à s'identifier à l'accusé, à s'asseoir à côté de lui. Sa place est devant. Le paradoxe de l'avocat n'est pas si différent de celui du comédien. « Les défendre tous », disait Albert Naud. Pour cela, il faut les comprendre tous. Les sympathiques : Antigone criminelle aux yeux de Créon ; Jeanne d'Arc aux yeux de l'Église ; Dreyfus aux yeux de l'état-major. Mais les affreux aussi.

Ce sont des monstres, dit-on parfois de certains criminels. On pense ainsi les exclure du genre humain, les rejeter parmi les animaux les plus énigmatiques, le Minotaure ou le Sphinx. En oubliant que celui qui déchiffre l'énigme, Œdipe, est lui-même un monstre, aux yeux du peuple, avec ses pieds bots. Mais, à les exclure de l'humanité, on se condamne à ne pas comprendre la genèse de leurs actes, on renonce à rechercher les moyens de les prévenir. Je souhaiterais que saint Augustin et Montaigne figurent dans la bibliothèque de l'École nationale de la magistrature. Saint Augustin qui dit : « Dieu, créateur de tous les êtres » et Montaigne, qui dit : « Ceux que nous appelons monstres ne le sont pas à Dieu. »

Nulle part ailleurs il ne nous est donné d'assumer autant d'humanité, accompagner le lieutenant de la Roncière et le docteur Petiot, la Dame aux Camélias et la Brinvilliers. La suprême récompense étant de défendre son pire ennemi.

***

Comment comprendre un criminel sans avoir soi-même, fût-ce une fois, au moins en imagination, goûté aux racines du crime ? Comment défendre l'ordre social si l'on n'en a pas fait intellectuellement le tour ?

Comment débattre d'une manière différente de vivre, de voir, d'aimer ou de mourir si l'on n'a pas pris ses distances, comme l'accusé, avec la réalité sociale du moment, si l'on ne s'est pas posté en face d'elle pour l'interroger ? Comment dialoguer avec l'avenir sans distendre ses liens avec le présent ?

Où est la vérité d'un homme qui tue la femme qu'il aime ? Quelle est la vérité d'un caissier honnête, modèle et modeste, qui, après vingt ans de bons et loyaux services, un soir, ouvre la caisse, prend l'argent et va tout perdre au casino ? Qui peut connaître leur vérité ? Rarement le juge qui porte les verres teintés de l'ordre public. Plus souvent l'avocat, s'il a – et il devrait l'avoir – une âme curieuse des gouffres, capable de se regarder, sans se perdre, dans le criminel comme dans un miroir.

Kundera, dans son *Essai sur le roman*, dit qu'il faut, pour écrire, une grande curiosité pour la part de nuit qu'il y a en nous. C'est également la position que doit prendre l'avocat au début d'un procès. S'il fait comprendre tout ce qu'il y a de dangereux dans l'homme, s'il fait admettre au juge et aux jurés qu'il y a en eux aussi cette menace, ils ne traiteront pas le criminel comme quelqu'un venu d'un autre monde, comme un Martien, comme un nuisible : ils le traiteront comme un semblable passé aux extrêmes.

Le juge Porphyre aurait-il pu démasquer Raskolnikov s'il n'avait pas un jour rêvé lui aussi d'un beau crime ?

Le crime, contrairement à ce que pensait Thomas de Quincey, n'est pas un chef-d'œuvre en soi. Il est le matériau dont l'accusé et l'avocat ont à extraire la statue qui sommeille. L'importance d'un crime ne se juge pas à son poids de sang, mais à son poids d'esprit. Sade est un artiste, le général Aussaresses est un équarrisseur.

La beauté, dit Dimitri Karamazov, est une chose terrible et affreuse. C'est là que le diable entre en lutte avec Dieu.

Depuis que nous avons quitté le jardin d'Éden de l'innocence animale, sans cesse, l'art jette un pont entre le crime et la beauté, et l'art judiciaire comme les autres.

Beauté n'est-il pas le dernier mot du plaidoyer de Socrate : « Vous calculez bien mal, dit-il aux juges, une telle manière de s'en tirer n'a pas plus d'efficacité que de beauté. »

L'art judiciaire est un art autonome dont le critère est moins la survie de la plaidoirie, que l'amplitude de l'onde que le procès laisse dans l'histoire, et qui, à des siècles de distance, continue d'intriguer et d'émouvoir.

Comme les héros de légende, les héros des procès sont immortels.

Comme la *Phèdre* d'Euripide revit dans Racine, Swinburne ou Miguel de Unamuno, chaque fois différente et toujours la même, comme l'Iseut de la légende celtique devint plus tard l'Isolde de Wagner, Mandrin, roué vif le 26 mai 1755 à Valence, devient deux siècles plus tard le chevalier sans roi du film de Soldati. Christine Papin, condamnée à mort aux assises du Mans en 1933, et sa sœur Léa, condamnée à six ans de prison, pour avoir assassiné

Mme Lancelin chez qui elles étaient domestiques, vont réapparaître, quinze ans plus tard, vêtues de leurs plus beaux atours, dans la pièce de Jean Genet, *Les Bonnes*.

Ce rôle de l'écrivain ou du cinéaste peut aussi être celui de l'avocat. Jacques Isorni a tenté toute sa vie de dresser la statue de Philippe Pétain. Paul Baudet a consacré des années à faire de Jacques Fesch, meurtrier d'un policier et fils de famille dévoyé, un saint et y a réussi.

La chronique judiciaire ressemble à un musée Grévin, où des cadavres embaumés attendent un regard pour revivre. Ce regard peut être celui du défenseur, s'il sait, comme Apulée, avocat à Carthage, être aussi magicien.

Le soir, de retour à ma bibliothèque, en l'absence des secrétaires qui filtrent pour moi les appels, je réponds aux clients impatients de trouver un sens à leurs échecs, aux informateurs bénévoles, policiers ou concierges d'hôtel, désireux de me faire partager leurs découvertes, aux naufragés d'une société trop dure, aux faibles ayant perdu la raison, appelant trop tard à l'aide.

Notre profession, pourvu que nous nous y consacrions pleinement, nous fait rencontrer les êtres les plus différents, attirés par nous comme les oiseaux de mer par un phare. Et si je n'y prenais garde, mon cabinet serait plus encombré souvent que la place de la Concorde un jour d'émeute.

Si l'oiseau est fasciné par le phare, me dit mon correspondant, c'est aussi parce que le phare lui fait signe, et il m'impose d'entendre la fin de son histoire.

Il était accusé d'avoir poussé sa maîtresse sous un train dans une gare déserte, la nuit, et j'avais pu obtenir pour lui un non-lieu. La scène n'avait pas eu de témoins, et leurs voisins, par contre, attestaient de leur passion sans nuages.

– Vous aviez raison, me dit-il, et pourtant je suis coupable parce que j'aurais pu la retenir et que je n'ai rien fait.

– Mais vous l'aimiez ? lui demandai-je.

– Si je ne l'aimais pas, je n'éprouverais pas le besoin de vous en parler.

– Alors ?

– Alors, elle m'aimait comme une mante religieuse, et ma réserve naturelle lui semblait de l'indifférence, mon incapacité à répéter sans cesse les mêmes mots de tendresse la désespérait. J'ai eu de nombreuses maîtresses, vous le savez. Je passe pour un Don Juan, et j'ai toujours été malheureux d'être trop aimé. Il y avait chez elle un désir de fusion dont je suis incapable. J'étais comme un nageur épuisé de soutenir quelqu'un qui ne veut plus faire d'effort. Voilà ce que je voulais vous dire, ce soir, parce que je sais qu'à la différence d'un juge, vous essaierez de me comprendre sans avoir l'outrecuidance de me juger.

Mon démon familier me demande : un juge pourrait-il le poursuivre pour non-assistance à personne en danger ? Un juge sans imagination sans doute ; et il n'en manque pas.

Ce n'est pas sa culpabilité ou non qui me rend songeur. C'est l'instantanéité de ces drames où la réflexion n'a pas le temps d'intervenir, et qui bouleversent une vie, la mettent sens dessus dessous.

Je pense à Lord Jim, le personnage du roman de Conrad ou à René Hardy le héros contesté de la Résistance.

Jim, jeune, beau, courageux, se trouve second sur un vieux rafiot, parmi des officiers mariniers sans foi ni loi. Le navire est pris dans une tempête, l'équipage, malgré les protestations de Jim, s'embarque sur la seule chaloupe dont ils disposent, abandonnant à leur sort les passagers. Et, au moment où la barque va s'éloigner, il les rejoint, brisant sa vie à jamais. Le jeune homme promis à un bel avenir, comme le soulignait son surnom, n'aura plus de cesse que de fuir son passé.

Hardy aussi était promis à un bel avenir.

Héros de la Résistance, il a rendez-vous à Paris avec le général Delestraint, chef de l'armée secrète. À la gare de Perrache à Lyon, il s'aperçoit qu'un traître nommé Multon l'a reconnu.

Il pourrait ne pas prendre le train. Il le prend. À Châlons il est arrêté par Klaus Barbie, qui le libère bientôt.

Pour la Résistance, il est désormais un traître. Accusé même d'avoir livré Jean Moulin au rendez-vous de Caluire.

Son sort s'est joué en quelques minutes.

Nos actes, ainsi que le constatait André Gide, s'attachent à nous comme sa lueur au phosphore. Ils font notre splendeur parfois, mais ils nous consument aussi.

Réfugié dans les îles de la Sonde pour fuir son passé, Jim connaît la misère, puis le pouvoir, puis la haine, et vit ces moments avec une intensité que le malheur décuple. J'ai rencontré Hardy sur son lit d'hôpital, peu avant sa mort, connaissant la misère mais aussi l'amour d'une femme, encore vivante, qui me fait signe de me taire.

***

R., inspecteur des RG, me fait part de ses découvertes de la semaine :

– Un journaliste de gauche et une femme ministre vêtue de cuir noir ont fêté au champagne la mort d'un immigré fauché par eux sur une route de Sologne.

– Un fils de famille connue a ri en apprenant la mort de sa mère milliardaire assassinée quelques heures auparavant, en compagnie d'une mythomane qui prétend être la fille d'un acteur célèbre.

– Un ministre important, fils de résistant, vient régulièrement tenir compagnie à la tenancière d'un hôtel de passe, ancienne indicatrice de la Gestapo.

– Un couple de hauts fonctionnaires de la coopération a passé la nuit dans un hôtel avec un enfant maghrébin.

– Un haut magistrat dînant avec un affairiste dans un restaurant connu a accepté de lui une enveloppe devant tout le monde.

Depuis longtemps l'inspecteur ne s'indigne plus. Il préfère plaisanter :

– Que diriez-vous, Maître, pour leur défense, là, sur-le-champ ?

Je lui réponds :

– Il ne faut pas faire un mauvais procès à la ministre et à son compagnon. Surmenés à force de travailler à notre bonheur, ils ont cherché un instant de répit dans la sexualité et la drogue, et n'ont pas vu le petit Arabe ; et s'ils se sont enfuis, c'était pour éviter un scandale qui aurait profité à l'extrême droite.

– Et le champagne ?

– C'était pour calmer leur douleur.

Le fils qui a organisé le meurtre de sa mère pour hériter ne manque pas d'excuses. Homme d'affaires malheureux, il avait besoin, pour sauver son entreprise, sa famille et son honneur, d'une aide de sa mère. Celle-ci la lui a refusée. C'est elle la coupable, et il se trouvait en état de nécessité. Et s'il a ri, c'est comme tout entrepreneur en apprenant le succès de son opération, son OPA, comme il le dit à sa compagne.

Le ministre républicain, amant d'une ancienne indicatrice de la Gestapo, a, pour calmer sa conscience d'honnête homme, lui aussi de bons arguments. Le premier est un argument juridique. Sa compagne a été mise en cause trop tard pour être poursuivie ; elle doit donc bénéficier de la présomption d'innocence. Le métier qu'elle exerce ne peut lui être reproché, puisqu'elle l'exerce avec l'accord de la police, et pour le reste, elle est experte, et le ministre n'est pas un intégriste et, ce qui est mieux, est un homme de plaisir.

Je connais le haut magistrat qui touche des enveloppes. Il ne se cache pas. Il n'aurait d'ailleurs aucune raison de le faire. Ayant à juger d'une dispute entre des héritiers incapables et un homme d'affaires avisé qui leur a fait signer des pouvoirs absolument légaux, il a donné à juste titre raison à l'homme d'affaires, gros travailleur, contre des fils à papa. À la limite, il pourrait se considérer comme un révolutionnaire, mais il lui suffit de se considérer comme un juste. Quant à l'enveloppe que le banquier lui glisse entre le caviar et le faisan, comme d'autres glissent un billet dans le slip de la danseuse nue, il l'accepte d'autant plus volontiers qu'elle n'a joué aucun rôle dans sa décision.

Et j'ai réservé pour la fin le cas le plus émouvant. Ce couple de hauts fonctionnaires de la coopération désirait un enfant, mais craignant qu'une maternité n'enlaidisse l'épouse, ils avaient décidé d'adopter un enfant du tiers monde, qui serait plus heureux avec eux qu'avec ses parents misérables. Ils tâcheront d'en faire un bon citoyen français, et s'ils échouaient, ils auraient moins de peine à le renier, puisqu'en définitive il n'est pas vraiment leur enfant.

Ainsi les défenseurs des droits de l'homme qui ont laissé mourir sur la route leur victime l'ont fait pour la bonne cause, le bourgeois qui a fait tuer sa mère l'a fait pour défendre l'honneur de sa famille, le ministre qui sort avec une moucharde de la Gestapo respecte la loi républicaine, le magistrat qui aide les forts contre les faibles ne fait qu'obéir à l'esprit d'une économie performante, et les amateurs d'enfants exotiques accomplissent un devoir humanitaire. À tous, la République doit dire merci !

***

Mais que puis-je répondre à cet inconnu qui m'adresse ce message :

« Après ce qui semble être une intoxication/empoisonnement, je me suis retrouvé hospitalisé à la clinique ; un appareil électronique m'avait été implanté au niveau du bassin. L'appareil fonctionnait aux radiofréquences. L'appareil était équipé de substances chimiques qui allaient être injectées à distance. L'effet induit de l'exposition aux radiofréquences est, sans que cela ne me soit jamais confirmé, une aberration chromosomique et une prolifération de cancers et de maladies.

« Une fois, je perds connaissance.

« Une autre fois, la cavité anale est brûlée à “l'acide” rue de Rivoli.

« La dernière fois, c'est l'exécution.

« Ce sont là les 3 injections qui m'ont été administrées vers le printemps 1998. »

Et à cet autre qui dit :

« Mon fils c'est plus mon fils, si c'est pour payer une rente sans même pouvoir le voir et sans avoir rien fait de mal. Les samedis et jours fériés que je travaille ce n'est pas payé alors qu'ils sont facturés 540 euros la journée. Ce que je me fais voler et que la loi prévoit de rembourser, eh ben nenni. Quand je travaille et je cotise pour le chômage : eh bien je n'y ai pas droit normalement, et donc pas payé. Macache.

« Quand je sollicite un bon de transport pour me rendre à mes entretiens d'embauche : je n'y ai pas droit. Wallou.

« Quand je fais un changement d'adresse et que j'ai les papiers qui le certifient ; une personne dit non et puis sanction et puis le tribunal dit il y a certes matière à juger. Eh ? Eh ? Eh... »

Et à cet autre :

« Je me permets de venir vous solliciter pour l'affaire suivante :

– Je reçois des maltraitances verbales (voix dans l'air) sur mon lieu de domicile.

– L'on tente de me faire parler contre ma volonté sur mon lieu de domicile.

– Je pense être peut-être victime de spiritisme, d'intelligence artificielle.

J'espère peut-être retenir votre attention et sollicite un rendez-vous de votre part. »

Et à cet autre, écologiste :

« L'humanité doit se mobiliser pour arracher de toutes parts les pointes qui empêchent l'énergie de la Terre de circuler librement. Nous en avons peut-être pour un siècle mais il faut tout arracher, sans oublier les arbres morts qu'il faudra extraire du sol comme de mauvaises dents.

« Soigner la Terre est une façon de nous soigner nous-mêmes. Il ne faut plus lui faire endurer ces piqûres douloureuses sur la surface de son corps. Car elle a un corps, des organes et une peau comme nous, et aussi, sans doute, des migraines, des larmes que nous nous acharnons à ne pas voir. Comme la nôtre, sa vie est régie par la règle des cinq éléments. Comme nous, elle est un vrai sac d'électrolytes. »

Et à cet autre enfin, défenseur des animaux, qui pose la question :

« Pourquoi les poissons ne crient-ils pas quand on les torture ? »

***

Je défendais un jour un vieillard. Il avait mon âge et paraissait vingt ans de plus. Commerçant malheureux, il avait été déclaré en cessation de paiement, et son entreprise avait été mise en liquidation. Le syndic l'avait pillé ; cela se faisait. Désigné par lui et d'autres victimes du syndic, j'avais fait une conférence de presse pour « sauver leur honneur » comme ils me le demandaient, puis entrepris de difficiles procédures pour sauver ce qui pouvait être sauvé des meubles.

Soudain, il me fit une étrange demande :

– Ne pourriez-vous pas me donner un certificat comme quoi j'ai fait tout ce qu'il fallait pour sauver mon entreprise et les droits de mes créanciers, et que je ne suis pas malhonnête ?

– Je peux le faire, lui dis-je, mais ce document pour la justice n'aurait aucune valeur. Dans votre affaire je ne suis ni arbitre, ni expert, mais votre avocat, et donc suspect de parti pris. Je ne vois pas l'utilité d'un tel document.

– C'est pour mon fils aîné, me dit-il. Il me traite de vieux con et dit que j'ai ruiné la famille.

L'affaire se déroulait en province. Nous convînmes qu'il devait passer à mon cabinet prendre le document que j'avais préparé avec soin pour ne pas paraître ridicule s'il le montrait à d'autres qu'à son fils. Mais il ne vint pas, et j'appris d'un de ses amis qu'il s'était suicidé.

Cette mort me confirmait qu'un dossier de justice n'est pas seulement un problème de droit à résoudre par une algèbre judiciaire ignorante de l'existence des hommes. C'est un drame dans lequel nous sommes libres d'entrer ou non. Mais si nous décidons d'y entrer, que ce soit pour les aider avec passion à porter leur malheur. La profession ne peut se réduire à n'être qu'un ascenseur social.

XI

Le ballet de la mort et de la raison d'État

Hommes et femmes de l'empire nous avons toujours eu avec la France un rapport ambigu : pleins de haines et de mépris pour ses représentants outre-mer et ses politiciens hypocrites quand ils étaient de gauche, cyniques quand ils étaient de droite, mais amoureux en même temps de la Révolution et de la Commune.

Un homme en raison de sa jeunesse symbolisait notre passion : Saint-Just.

Le mystère de sa vie privée, le courage qu'il a su montrer aux armées, son élégance aristocratique qui n'est pas celle du sang mais de l'âme, ne suffisent pas à expliquer notre passion. Il me faut avouer que nous l'aimions pour son fanatisme, pour son orgueil, sa cruauté et sa solitude. Il faut un orgueil démesuré pour écrire : « Je méprise la poussière qui me compose et qui vous parle, vous pouvez la détruire mais je défie qu'on m'arrache cette vie indépendante que je me suis donnée dans les siècles et dans les cieux. » Une langue pareille justifie tout. Napoléon, aussi, était orgueilleux, mais il lui arrivait d'être vulgaire. Saint-Just ne l'était jamais.

Hoche et Marceau étaient courageux mais ils ne sont pas *bifrons* comme Saint-Just, un visage de saint et un mufle de fauve. Sa solitude est sœur de son orgueil. Son silence au pied de l'échafaud nous fait oublier les tonitruances de Danton. Sa cruauté, enfin, est incontestable mais elle a de la tenue. Michelet qui l'abhorre en parle avec un respect interdit : « Saint-Just monta lentement à la tribune, écrit-il, et prononçant sans passion un discours atroce, dit qu'il ne fallait pas juger longuement le Roi, mais simplement le tuer.

« Il faut le tuer, il n'y a plus de lois pour le juger ; lui-même les a détruites.

« Il faut le tuer, comme ennemi ; on ne juge qu'un citoyen ; pour juger le tyran, il faudrait d'abord le faire citoyen.

« Il faut le tuer, comme coupable, pris en flagrant délit, la main dans le sang. La royauté est d'ailleurs un crime éternel ; un roi est hors nature ; de peuple à roi, nul rapport naturel.

« L'atrocité du discours eut un succès d'étonnement. Malgré les réminiscences classiques qui sentaient leur écolier (Louis est un Catilina, etc.), personne n'avait envie de rire. La déclamation n'était pas vulgaire ; elle dénotait dans le jeune homme un vrai fanatisme. Ses paroles, lentes et mesurées, tombaient d'un poids singulier, et laissaient de l'ébranlement, comme le lourd couteau de la guillotine. »

Le mot de fanatisme est prononcé, et certes il y a du fanatisme chez Saint-Just, mais c'est le fanatisme d'un prophète annonçant la République de droit divin.

***

La guerre, la Révolution, le malheur, l'espoir aussi hantent le monde et font de Saint-Just énigmatique un héros de notre temps.

Proche des patriotes vietnamiens et des communistes chinois un moment, puis des républicains espagnols, enfin du général de Gaulle, André Malraux illustre parfaitement cette fascination.

En 1955, dix ans après la capitulation allemande, six ans après la proclamation de la République populaire de Chine, un an après Diên Biên Phu, et après le début de la révolution algérienne, il célèbre en quelques pages inspirées, l'actualité de Saint-Just, le compare successivement à Bonaparte, à Mahomet, à Staline, au Grand Inquisiteur et voit en lui l'annonciateur non du communisme ni du fascisme, mais des communistes et des fascistes.

Comme Protée, comme Shiva, Saint-Just aujourd'hui a cent bras et cent têtes.

À cet homme qui « voulait balayer du glaive la couronne de Saint Louis et la pourpre de Richelieu et fonder la République de droit divin », pour qui « la République n'est pas seulement un système de gouvernement, mais d'abord une Apocalypse », il manque curieusement une tête, celle de Mao, comme lui stratège et poète.

***

Saint-Just fut à Fleurus l'organisateur de la victoire qui libérait la France de l'invasion étrangère, il fut l'inspirateur des décrets de ventôse, la seule loi sociale de la Convention, mais ce n'est pas à ces titres qu'il hante notre mémoire, c'est pour son discours au procès du roi.

Car un procès peut être un chef-d'œuvre comme une tragédie ou un roman, surtout quand l'accusé y remet en cause l'ordre du monde, comme Antigone défiant le pouvoir de Créon : « Il n'appartient pas au Roi de me séparer des miens... J'ensevelirai mon frère, et si c'est là un crime, je serai sainte dans mon crime. »

Ou Julien Sorel défiant les jurés qui s'apprêtent à le condamner : « Je n'ai point l'honneur d'appartenir à votre classe... Je ne vous demande aucune grâce. »

Mais paradoxalement, dans le procès du roi, ce n'est pas Louis XVI qui récuse son tribunal, et il aurait mille raisons de le faire ; c'est son accusateur en la personne de Saint-Just, qui lui dénie le simple honneur d'être jugé : « Au temps de César, s'écrie-t-il, le tyran fût immolé en plein Sénat sans autre loi que la liberté de Rome, et sans autres formalités que vingt-trois coups de poignard. »

La défense de Louis XVI en face peut paraître humble et manque de fierté mais elle est émouvante, car le roi veut à tout prix maintenir un dialogue avec son peuple. Comme à Varennes, lors de son arrestation, quand il refusa de faire appel pour le délivrer à Bouillé dont les troupes l'attendaient à Montmedy.

Mais Louis est sourd, et n'entend pas le bruit du discours de Saint-Just qui résonne tout le temps du procès comme un glas.

C'est pour matérialiser cette rumeur obsessionnelle du discours de Saint-Just, pendant que le roi s'explique, que nous entrelaçons les propos de l'un au discours de l'autre.

Le Président : Vous aviez prêté à la Fédération un serment que vous n'avez pas tenu. Bientôt, vous avez essayé de corrompre l'esprit public à l'aide de Talon, qui agissait dans Paris, et de Mirabeau, qui devait imprimer un mouvement contre-révolutionnaire aux provinces.

Qu'avez-vous à répondre ?

Louis : Je ne me rappelle pas ce qui s'est passé dans ce temps-là, mais le tout est antérieur à la Constitution.

Le Président : Vous avez répandu des millions pour effectuer cette corruption et vous avez voulu faire de la popularité même un moyen d'asservir le peuple. Ces faits résultent d'un mémoire de Talon que vous avez apostillé de votre main et d'une lettre que Laporte vous écrivait le 19 avril dans laquelle, vous rapportant une conversation qu'il avait eue avec Rivarol, il vous disait que *les millions qu'on vous avait engagés à répandre n'avaient rien produit.* Louis ne se rappelle toujours pas.

Saint-Just

J'entreprends de prouver que le roi peut-être jugé ; que l'opinion de Morisson, qui conserve l'inviolabilité, et celle du comité, qui veut qu'on le juge en citoyen, sont également fausses, et qu'il doit être jugé dans les principes qui ne tiennent ni de l'une ni de l'autre.

Le Président : Dès longtemps, vous avez médité un projet de fuite. Il vous fut remis, le 23 février, un mémoire qui vous indiquait les moyens et vous l'apostillâtes. Le 28, une multitude de nobles et de militaires se répandirent dans vos appartements, au palais des Tuileries, pour favoriser cette fuite. Vous voulûtes le 18 avril quitter Paris pour vous rendre à Saint-Cloud ; mais la résistance des citoyens vous fit sentir que leur défiance était grande. Vous cherchâtes à la dissiper en communiquant à l'Assemblée constituante une lettre de la nation auprès des puissances étrangères pour leur annoncer que vous aviez accepté librement les articles constitutionnels qui vous avaient été présentés et cependant, le 20 juin, vous preniez la fuite avec un faux passeport ; vous laissiez une déclaration contre ces mêmes articles constitutionnels ; vous ordonniez aux ministres de ne signer aucun des actes émanés de l'Assemblée nationale et vous défendiez à celui de la justice de remettre les Sceaux de l'État. L'argent du peuple était prodigué pour assurer le succès de cette trahison. La force publique devait la protéger sous les ordres de Bouillé, qui naguère avait été chargé de diriger les massacres de Nancy ; et à qui vous avez écrit à ce sujet de soigner sa popularité parce qu'elle pouvait vous être utile.

Ces faits sont prouvés par le mémoire du 23 février, apostillé de votre main, par votre déclaration du 20 juin tout entière de votre écriture ; par votre lettre du 4 septembre 1790 à Bouillé et par une note de celui-ci dans laquelle il vous rend compte de l'emploi de 993 000 livres données par vous et employées en partie à la corruption des troupes qui devaient vous escorter.

Qu'avez-vous à répondre ?

Louis : Je n'ai aucune connaissance du mémoire du 23 février. Quant à Varennes, je m'en rapporte aux réponses que j'ai faites à l'Assemblée constituante en ce temps-là.

Saint-Just

L'unique but du comité fut de vous persuader que le roi devait être jugé en simple citoyen, et moi je dis que le roi doit être jugé en ennemi ; que nous avons moins à le juger qu'à le combattre, et que n'étant pour rien dans le contrat qui unit les Français, les formes de la procédure ne sont point dans la loi civile, mais dans la loi du droit des gens.

Le Président : Après votre arrestation à Varennes, l'exercice du pouvoir exécutif fut un moment suspendu dans vos mains et vous conspirâtes encore. Le 17 juillet, le sang des citoyens fut versé au Champ-de-Mars. Une lettre de votre main écrite en 1790 à La Fayette prouve qu'il existait une coalition criminelle entre vous et La Fayette, à laquelle Mirabeau avait accédé. La révision de la Constitution commença sous ces auspices cruels ; tous les genres de corruption furent employés. Vous avez payé des libelles, des pamphlets, des journaux destinés à pervertir l'opinion publique, à discréditer les assignats et à soutenir la cause des émigrés. Les registres de Septeuil indiquent quelles sommes énormes ont été employées à ces manœuvres liberticides.

Qu'avez-vous à répondre ?

Louis : Ce qui s'est passé le 17 juillet ne peut en aucune manière me regarder. Pour le reste, je n'en ai aucune connaissance.

Saint-Just

Faute de distinction, on est tombé dans des formes sans principes, qui conduiraient le roi à l'impunité, fixeraient les yeux trop longtemps sur lui, ou qui laisseraient sur son jugement une tache de sévérité excessive. Je me suis souvent aperçu que de fausses mesures de prudence, des lenteurs, le recueillement étaient souvent ici de véritables imprudences, et, après celle qui recule le moment de nous donner des lois, la plus funeste serait celle qui nous ferait temporiser avec le roi. Un jour peut-être les hommes aussi éloignés de nos préjugés que nous le sommes de ceux des Vandales s'étonneront de la barbarie d'un siècle où ce fut quelque chose de religieux que de juger un tyran, où le peuple qui eut un tyran à juger l'éleva au rang de citoyen avant d'examiner ses crimes.

Le Président : Vous avez paru accepter la Constitution le 14 septembre ; vos discours annonçaient la volonté de la maintenir, et vous avez travaillé à la renverser avant même qu'elle fût achevée. Une convention avait été faite à Pillnitz le 24 juillet, entre Léopold d'Autriche et Frédéric-Guillaume de Brandebourg qui s'étaient engagés à relever en France le trône de la monarchie absolue, et vous vous êtes tu sur cette convention jusqu'au moment où elle a été connue de l'Europe entière.

Qu'avez-vous à répondre ?

Louis : Je l'ai fait connaître sitôt qu'elle est venue à ma connaissance. Au reste, c'est une affaire qui regarde, par la Constitution, les ministres.

Le Président : Vous avez payé vos ci-devant gardes du corps à Coblence ; les registres de Septeuil en font foi et plusieurs ordres signés de vous constatent que vous avez fait passer des sommes considérables à Bouillé, Rochefort, La Vauguyon, Choiseul-Beaupré, d'Hamilton et à la femme de Polignac.

Qu'avez-vous à répondre ?

Louis : D'abord que j'ai su que les gardes du corps se formaient de l'autre côté du Rhin, j'ai défendu qu'ils reçussent aucun paiement. Je n'ai pas connaissance du reste.

Saint-Just

On s'étonnera qu'au dix-huitième siècle on ait été moins avancé que du temps de César ; le tyran fut immolé en plein Sénat, sans autres formalités que vingt-deux coups de poignards, sans autres lois que la liberté de Rome. Et aujourd'hui l'on fait avec respect le procès d'un homme assassin du peuple, pris en flagrant délit, la main dans le sang, la main dans le crime ! Ceux qui attacheront quelque importance au juste châtiment d'un roi ne fonderont jamais une république. Parmi nous, la finesse des esprits et des caractères est un grand obstacle à la liberté. On embellit toutes les erreurs, et le plus souvent la vérité n'est que la séduction de notre goût.

Le Président : Vos frères, ennemis de l'État, ont rallié les émigrés sous leur drapeau ; ils ont levé des régiments, fait des emprunts et contracté des alliances en votre nom. Vous ne les avez désavoués qu'au moment où vous aviez été bien certain que vous ne pouviez plus nuire à leurs projets. Votre intelligence avec eux est prouvée par un billet écrit de Louis Stanislas Xavier, souscrit par vos deux frères et ainsi conçu :

Je vous ai écrit mais c'était par la poste et je n'ai rien pu dire. Nous sommes ici deux qui n'en font qu'un : mêmes sentiments, mêmes principes, même ardeur pour vous servir. Nous gardons le silence, mais c'est qu'en le rompant trop tôt, nous vous commettrions ; mais nous parlerons dès que nous serons sûrs de l'appui général, et ce moment est proche. Si l'on nous parle de la part de ces gens-là, nous n'écouterons rien. Si c'est de la vôtre, nous écouterons, mais nous irons droit notre chemin. Ainsi, si l'on veut que vous nous fassiez dire quelque chose, ne vous gênez pas. Soyez tranquille sur votre sûreté, nous n'existons que pour vous servir. Nous y travaillons avec ardeur et tout va bien. Nos ennemis mêmes ont trop d'intérêts à votre conservation pour commettre un crime inutile et qui achèverait de les perdre.

Adieu.

LSX et Charles Philippe.

Qu'avez-vous à répondre ?

Louis : J'ai désavoué toutes les démarches de mes frères aussitôt qu'elles sont parvenues à ma connaissance, comme la Constitution me le prescrivait. Je n'ai aucune connaissance de ce billet.

Saint-Just

Chacun rapproche le procès du roi de ses vues particulières ; les uns semblent craindre de porter plus tard la peine de leur courage ; les autres n'ont point renoncé à la monarchie. Ceux-ci craignent un exemple de vertu qui serait un lien d'esprit public et d'unité dans la République. Nous nous jugeons tous avec sévérité, je dirais même avec fureur ; nous ne songeons qu'à modifier l'énergie du peuple et de la liberté, tandis qu'on accuse à peine l'ennemi commun, et que tout le monde, ou rempli de faiblesse ou engagé dans le crime, se regarde avant de frapper le premier coup.

Le Président : L'armée de ligne qui devait être portée au pied de guerre n'était forte que de 100 000 hommes à la fin de décembre. Vous aviez ainsi négligé de pourvoir à la sûreté extérieure de l'État. Narbonne, votre agent, avait demandé une levée de 50 000 hommes, mais il arrêta le recrutement à 26 000 en assurant que tout était prêt. Rien ne l'était pourtant. Après lui, Servan proposa de former auprès de Paris un camp de 20 000 hommes ; l'Assemblée législative le décréta. Vous refusâtes votre sanction ; un élan de patriotisme fit partir de tous côtés des citoyens pour Paris. Vous fîtes une proclamation qui tendait à les arrêter dans leur marche ; cependant nos armées étaient dépourvues de soldats. Dumouriez, successeur de Servan avait déclaré que la Nation n'avait ni armes, ni munitions, et que les places étaient hors de défense.

Qu'avez-vous à répondre ?

Louis : J'ai donné au ministre tous les ordres qui pouvaient accélérer l'augmentation de l'armée depuis le mois de décembre dernier. Les états ont été remis à l'Assemblée. S'ils se sont trompés, ce n'est pas ma faute.

Saint-Just

Nous cherchons la liberté, et nous nous rendons esclaves l'un de l'autre ; nous cherchons la nature, et nous vivons armés comme des sauvages furieux ; nous voulons la république, l'indépendance et l'unité, et nous nous divisons, nous ménageons un tyran.

Le Président : Vous avez chargé vos agents diplomatiques de favoriser la coalition des puissances étrangères et de vos frères contre la France ; particulièrement de cimenter la paix avec la Turquie et lui procurer, par là, un plus grand nombre de troupes contre la France. Une lettre de Choiseul-Gouffier, ci-devant ambassadeur à Constantinople, établit ce fait.

Qu'avez-vous à répondre ?

Louis : M. de Choiseul n'a pas dit la vérité. Cela n'a jamais existé.

Saint-Just

Citoyens, si le peuple romain, après six cents ans de vertus et de haine contre les rois, si la Grande-Bretagne, après Cromwell mort, vit renaître les rois, malgré son énergie, que ne doivent pas craindre parmi nous les bons citoyens amis de la liberté, en voyant la hache trembler dans nos mains, et un peuple, dès le premier jour de sa liberté, respecter le souvenir de ses fers !

Le Président : Vous avez attendu d'être pressé par une réquisition faite au ministre Lajard, à qui l'Assemblée législative demandait d'indiquer quels étaient ses moyens de pourvoir à la sûreté extérieure de l'État, pour proposer, par un message, la levée de quarante-deux bataillons. Les Prussiens s'approchaient de nos frontières ; on interpella le 9 juillet votre ministre de rendre compte de l'état de nos relations politiques avec la Prusse. Vous répondîtes le 10 que 50 000 Prussiens marchaient contre nous et que vous donniez avis au Corps législatif des actes formels de ces hostilités imminentes aux termes de la Constitution.

Qu'avez-vous à répondre ?

Louis : Ce n'est qu'à cette époque que j'en ai eu connaissance. Toute la correspondance diplomatique passait par le ministre.

Saint-Just

Quelle république voulez-vous établir au milieu de nos combats particuliers et de nos faiblesses communes ! On semble chercher une loi qui permette de punir le roi ; mais dans la forme du gouvernement dont nous sortons, s'il y avait un homme inviolable, il l'était en parlant dans ce sens, pour chaque citoyen ; mais de peuple à roi, je ne connais plus de rapport naturel.

Le Président : Vous avez confié le département de la Guerre à Dabancourt, neveu de Calonne ; et tel a été le succès de votre conspiration que les places de Longwy et de Verdun ont été livrées aussitôt que les ennemis ont paru.

Qu'avez-vous à répondre ?

Louis : J'ignorais que M. Dabancourt fût neveu de Calonne. Au reste, ce n'est pas moi qui ai dégarni les places. Je ne l'aurais jamais fait.

Le Président : Qui a dégarni Longwy et Verdun ?

Louis : Je n'ai aucune connaissance si elles l'ont été.

Saint-Just

L'inviolabilité de Louis n'est point étendue au-delà de son crime et de l'insurrection ; ou si on le jugeait inviolable après, si même on le mettait en question, il en résulterait qu'il n'aurait pu être déchu, et qu'il aurait eu la faculté de nous opprimer sous la responsabilité du peuple.

Le Président : Vous avez détruit notre marine. Une foule d'officiers de ce corps étaient émigrés ; à peine en restait-il pour faire le service des ports. Cependant, Bertrand accordait toujours des passeports. Et lorsque le Corps législatif vous exposa, le 9 mars, sa conduite coupable, vous répondîtes que vous étiez satisfait de ses services.

Qu'avez-vous à répondre ?

Louis : J'ai fait ce que j'ai pu pour retenir les officiers. Dans ce temps-là, l'Assemblée nationale ne portait contre Bertrand aucun grief qui eût dû le mettre en accusation. Je n'ai pas jugé que je dusse le changer.

Le Président : Vous avez favorisé dans les colonies le maintien du gouvernement absolu ; vos agents y ont partout fomenté le trouble et la contre-révolution, qui s'y est opérée à la même époque où elle devait s'effectuer en France, ce qui indique que votre main conduisait cette trame.

Louis : S'il y a des personnes qui se sont dites mes agents dans les colonies, elles n'ont pas dit vrai. Je n'ai jamais ordonné rien de ce que vous venez de dire.

Saint-Just

Le pacte est un contrat entre les citoyens, et non point avec le gouvernement. On n'est pour rien dans un contrat où l'on ne s'est pas obligé ; conséquemment Louis, qui ne s'était point obligé, ne peut point être jugé civilement : ce contrat était tellement oppressif, qu'il obligeait les citoyens et non le roi ; un tel contrat était nécessairement nul ; car rien n'est légitime de ce qui manque de sanction dans la morale et dans la nature.

Le Président : Le Corps législatif avait rendu, le 29 novembre, un décret contre les prêtres factieux ; vous en avez suspendu l'exécution.

Qu'avez-vous à répondre ?

Louis : La Constitution me laissait la sanction libre des décrets.

Saint-Just

Outre tous ces motifs qui vous portent à ne pas juger Louis comme citoyen, mais à le juger comme rebelle, de quel droit réclamerait-il pour être jugé civilement, l'engagement que nous avions pris envers lui, lorsqu'il est clair qu'il a violé le seul qu'il avait pris avec nous, celui de nous conserver ? Quel sera cet acte dernier de la tyrannie, que de prétendre être jugé par des lois qu'il a détruites ?

Le Président : Vous avez fait, le 10 août, la revue des Suisses à 5 heures du matin et les Suisses ont tiré les premiers sur les citoyens.

Qu'avez-vous à répondre ?

Louis : J'ai été voir toutes les troupes qui étaient rassemblées chez moi ce jour-là. Les autorités constituées y étaient, le département, le maire de Paris ; j'avais même demandé à l'Assemblée de m'envoyer une députation de ses membres pour me conseiller ce que je devais faire et je vins moi-même avec ma famille au milieu d'elle.

Le Président : Vous avez fait couler le sang des Français.

Qu'avez-vous à répondre ?

Louis : Non, monsieur, ce n'est pas moi.

Saint-Just

Quelle procédure, quelle information voulez-vous faire des entreprises et des pernicieux desseins du roi, lorsque ses crimes sont partout écrits avec le sang du peuple, lorsque le sang de vos défenseurs a ruisselé, pour ainsi dire, jusqu'à vos pieds par son commandement ? Ne passa-t-il point avant le combat les troupes en revue ? Ne prit-il point la fuite au lieu de les empêcher de tirer ? Et l'on vous propose de le juger civilement, tandis que vous reconnaissez qu'il n'était pas citoyen ?

Le Président : Avez-vous fait construire une armoire avec une partie de fer au palais des Tuileries et y avez-vous fait enfermer des papiers ?

Louis : Je n'en ai aucune connaissance...

Saint-Just

Juger un roi comme un citoyen ! Ce mot étonnera la postérité froide. Juger, c'est appliquer la loi. Une loi est un rapport de justice. Quel rapport de justice y a-t-il donc entre l'humanité et les rois ? Qu'y a-t-il de commun entre Louis et le peuple français, pour le ménager après sa trahison ? Il est telle âme généreuse qui dirait dans un autre temps que le procès doit être fait à un roi, non point pour les crimes de son administration, mais pour celui d'avoir été roi : car rien au monde ne peut légitimer cette usurpation ; et de quelques illusions, de quelques conventions que la royauté s'enveloppe, elle est un crime éternel contre lequel tout homme a le droit de s'élever et de s'armer ; elle est un de ces attentats que l'aveuglement même de tout un peuple ne saurait justifier.

Le Président : Après ces événements, et malgré les promesses que vous aviez faites le 15 dans l'Assemblée constituante et le 17 dans l'Hôtel de Ville de Paris, vous avez persisté dans vos projets contre la liberté nationale ; vous avez longtemps éludé de faire exécuter les décrets du 11 août concernant l'abolition de la servitude personnelle du régime féodal et de la dîme ; vous avez longtemps refusé de reconnaître la Déclaration des droits de l'homme ; vous avez augmenté du double le nombre de vos gardes du corps et appelé les régiments de Flandres à Versailles ; vous avez permis que, dans des orgies faites sous vos yeux, la cocarde nationale fut foulée aux pieds, la cocarde blanche arborée et la nation blasphémée ; enfin vous avez nécessité une nouvelle insurrection, occasionnée la mort de plusieurs citoyens et ce n'est qu'après la défaite de vos gardes que vous avez changé de langage et renouvelé des promesses perfides. Les preuves de ces faits sont dans vos observations du 18 septembre sur les décrets du 11 août, dans les procès-verbaux de l'Assemblée constituante, dans les événements de Versailles des 5 et 6 octobre, et dans le discours que vous avez tenu le même jour à une députation de l'Assemblée constituante, lorsque vous lui dites que vous vouliez vous éclairer de ses conseils et de ne jamais vous séparer d'elle.

Qu'avez-vous à répondre ?

Louis : J'ai fait les observations que j'ai pensées justes et nécessaires sur les décrets qui m'ont été présentés. Le fait est faux pour la cocarde. Jamais il ne s'est passé devant moi.

Saint-Just

On ne peut point régner innocemment, la folie en est trop évidente. Tout roi est un rebelle et un usurpateur. Les rois mêmes traitaient-ils autrement les prétendus usurpateurs de leur autorité ? Ne fiton pas le procès à la mémoire de Cromwell, et certes Cromwell n'était pas plutôt usurpateur que Charles Ier, car, lorsqu'un peuple est assez lâche pour se laisser dominer par des tyrans, la domination est le droit du premier venu, et n'est pas plus sacrée et plus légitime sur la tête de l'un que sur celle de l'autre.

Le Président : Avignon et le comtat Venaissin avaient été réunis à la France : vous n'avez fait exécuter le décret qu'après un mois ; et, pendant ce temps, la guerre civile a désolé ce pays. Les commissaires que vous y avez successivement envoyés ont achevé de le dévaster.

Qu'avez-vous à répondre ?

Louis : Ce fait-là ne peut pas me regarder personnellement, j'ignore quel délai on a mis dans l'envoi, au reste c'était ceux qui en étaient chargés que cela regarde.

Saint-Just

On nous dit que le roi doit être jugé par un tribunal comme les autres citoyens ; mais les tribunaux ne sont établis que pour les membres de la cité.

Comment un tribunal aurait-il la faculté de rendre un maître à sa patrie et de l'absoudre ?

Le Président : Nîmes, Montauban, Mende, Jalès avaient éprouvé de grandes agitations dès les premiers jours de la liberté ; vous n'avez rien fait pour étouffer ce germe de contre-révolution, jusqu'au moment où la conspiration de Dusaillant a éclaté.

Qu'avez-vous à répondre ?

Louis : J'ai donné sur tout cela tous les ordres que les ministres m'ont proposés.

Saint-Just

Comment la volonté générale serait-elle citée devant lui ? Citoyens, le tribunal qui doit juger Louis XVI n'est point un tribunal judiciaire, c'est un conseil ; et les lois que nous avons à suivre sont celles du droit des gens. C'est vous qui devez le juger ; Louis est un étranger parmi nous ; il n'était pas citoyen avant son crime ; il ne pouvait voter, il ne pouvait porter les armes ; il l'est encore moins depuis son crime. Et par quel abus de la justice même en feriez-vous un citoyen pour le condamner ?

Le Président : Vous avez donné le commandement du Midi à Wittgenstein qui vous écrivait, le 21 avril 1792, après qu'il eut été rappelé : « Quelques instants de plus, et je rappelais à toujours, autour du trône de Votre Majesté, des milliers de Français redevenus dignes des vœux qu'elle forme pour leur bonheur. »

Qu'avez-vous à répondre ?

Louis : Cette lettre est postérieure à son rappel. Il n'a pas été employé depuis. Je ne me souviens pas de la lettre.

Saint-Just

Aussitôt qu'un homme est coupable, il sort de la cité ; et, point du tout, Louis y entrerait par son crime ! Je ne perdrai jamais de vue que l'esprit avec lequel on jugera le roi sera le même que celui avec lequel on établira la République. La théorie de votre jugement sera celle de vos magistratures ; et la mesure de votre philosophie dans ce jugement sera aussi la mesure de votre liberté dans la Constitution [...].

Le Président : L'incivisme de la garde que la Constitution vous avait donnée en avait nécessité le licenciement ; le lendemain, vous lui avez écrit une lettre de satisfaction ; vous avez continué de la solder. Ce fait est prouvé par les comptes du trésorier de la liste civile.

Qu'avez-vous à répondre ?

Louis : Je n'ai continué que jusqu'à ce qu'elle pût être recréée comme le décret le portait.

Saint-Just

J'ajoute qu'il n'est pas nécessaire que le jugement du ci-devant roi soit soumis à la sanction du peuple ; car le peuple peut bien imposer des lois par sa volonté, parce que ces lois importent à son bonheur ; mais le peuple même ne peut effacer le crime de la tyrannie : le droit des hommes contre la tyrannie est personnel, et il n'est pas donné à la souveraineté d'obliger un seul citoyen à lui pardonner.

Le Président : Vous avez retenu près de vous les gardes suisses : la Constitution vous le défendait et l'Assemblée législative en avait expressément ordonné le départ.

Qu'avez-vous à répondre ?

Louis : J'ai suivi le décret qui avait été rendu sur cet objet.

Saint-Just

Mais hâtez-vous de juger le roi, car il n'est pas de citoyen qui n'ait sur lui le droit qu'avait Brutus sur César. Vous ne pourriez pas plutôt punir cette action envers cet étranger, que vous n'avez puni la mort de Léopold et de Gustave. Louis était un autre Catilina. Le meurtrier, comme le consul de Rome, jugerait qu'il a sauvé la patrie. Vous avez vu ses desseins perfides ; vous avez vu son armée ; le traître n'était pas le roi des Français ; c'était le roi de quelques conjurés ; il faisait des levées secrètes de troupes, il avait des magistrats particuliers, il regardait les citoyens comme des esclaves.

Le Président : Vous avez eu dans Paris des compagnies particulières chargées d'y opérer des mouvements utiles à vos projets de contre-révolution. D'Angremont et Gilles étaient deux de vos agents : ils étaient salariés par la liste civile. Les quittances de Gilles, chargé de l'organisation d'une compagnie de 60 hommes, vous seront présentées.

Qu'avez-vous à répondre ?

Louis : Je n'ai aucune connaissance des projets qu'on me prête. Jamais l'idée de contre-révolution n'est entrée dans ma tête.

Le Président : Vous avez voulu, par des sommes considérables, suborner plusieurs membres des Assemblées constituante et législative. Des lettres de Dufresne-Saint-Léon et plusieurs autres, qui vous seront présentées, établissent ce fait.

Qu'avez-vous à répondre ?

Louis : J'ai eu plusieurs personnes qui se sont présentées pour des projets pareils, je les ai éloignées.

Le Président : Quels sont les membres des Assemblées constituante et législative que vous avez corrompus ?

Louis : Je n'ai point cherché à corrompre. Je n'en connais aucun.

Le Président : Quels sont les gens qui vous ont présenté ces projets ?

Louis : c'était si vague que je ne m'en rappelle pas.

Saint-Just

Il avait proscrit secrètement tous les gens de bien et de courage ; il est le meurtrier de Nancy, du Champ-de-Mars, de Courtray, des Tuileries ; quel ennemi, quel étranger nous a fait plus de mal ? Il doit être jugé promptement ; c'est le conseil de la sagesse et de la saine politique. On cherche à remuer la pitié ; on achètera bientôt des larmes comme aux enterrements de Rome ; on fera tout pour nous intéresser, pour nous corrompre même. Peuple ! Si le roi est jamais absous, souviens-toi que nous ne serons plus dignes de ta confiance, et tu pourrais nous accuser de perfidie.

La lampe dans le tombeau

Louis, condamné à mort, sera exécuté le 21 janvier 1793, laissant le souvenir d'un brave homme et d'un roi faible. « Le modèle des mauvais rois » selon Maurras. Sur l'échafaud, il montrera du courage, proclamera son innocence, pardonnera aux auteurs de sa mort, et priera Dieu que son sang ne retombe pas sur la France.

Il reste à Saint-Just dix-huit mois à vivre, le temps de trois missions à l'armée du Rhin et à l'armée du Nord, d'y rétablir la discipline en cassant les officiers incapables, en faisant fusiller les déserteurs, en faisant monter de nouveaux cadres, en prenant aux riches pour distribuer aux pauvres ; le temps des décrets de ventôse distribuant aux indigents les biens confisqués aux suspects ; le temps de la victoire de Fleurus qui ouvre aux armées françaises la Belgique et la Rhénanie en juin 1794.

La patrie n'est plus en danger. Les modérés peuvent se débarrasser de Saint-Just, un mois plus tard.

XII

Morts et vifs

Croyants ou pas nous étions sensibles à tout ce qu'il y a de divin, d'infini, d'inconnu en l'homme, en la vie en général et le chant d'un pygmée appelant la pluie nous émouvait plus qu'un engin téléguidé sur la lune.

Dans une société qui chasse le sacré de la vie, nous avons cru que le crépuscule des Dieux annoncerait d'autres aurores, que le chaos serait la matrice d'un nouvel ordre, d'une renaissance visible à l'Est, dans ces stades frémissant sous la houle des drapeaux rouges, dans ces files de pèlerins défilant devant des corps embaumés.

La chute d'un mur a englouti ces ferveurs.

Mais ailleurs les Dieux continuent à vivre, inspirent la vie des fidèles de la naissance à la mort, présidant aux repas et à l'acte d'amour. Ils font peur à nos contemporains, qui n'ont plus pour les chasser que l'arme de la moquerie, la caricature, cette fiente de la pensée.

Dans nos sociétés, ne reste plus du sacré que la mort. Elles vont donc tout faire pour la nier. Elles l'occultent en l'isolant dans des mouroirs loin des villes. Elles la fardent dans des maisons funéraires pour donner l'illusion de la vie. Elles l'enferment dans de la glace dans l'attente d'une résurrection scientifique.

Mais comme la peste, la mort nous revient des pays où elle est restée familière et où nous pensions la confiner, et des prisons d'où nous l'avions chassée.

Elle accompagne les longs cortèges funéraires de ceux que nous tuons d'une manière technicienne et anonyme sans les voir (avec nos engins informatisés ou avec l'embargo qui tue sans bruit). Il en sort un jour un adolescent silencieux qu'elle aide à ajuster à sa ceinture les explosifs qui éclateront dans nos cités, donnant à chacun la fin qu'il mérite, accidentelle ou volontaire.

Cela, aucun horoscope, aucun futurologue, aucune grande conscience ne l'a prévu, car ils ont oublié que nos mensonges n'engagent pas les autres.

Le cœur a aussi ses prisons que la raison ne connaît pas.

Dans la pénombre qui n'éblouit ni n'aveugle, voici que mon cigare darde ses dernières lueurs, lance un dernier regard vers ma bibliothèque où chaque livre représente un souvenir, chaque objet le don d'un proche au moment de me quitter pour une autre vie ou pour mourir.

La mort me fixe de ses grands yeux noirs, me sourit de ses belles lèvres violettes. Elle sait que vous continuez à vivre en moi comme je continuerai à vivre dans d'autres cœurs après mon départ.

Dans la liste donnée au service Action, cher Amokrane, tu portais le numéro 1 et moi le numéro 2. Ils n'ont pu m'atteindre, plus méfiant que toi que j'étais et ont déposé une bombe devant ma porte un jour où je rencontrais nos frères à Bruxelles.

Un nuage bleu enveloppe le serpent de cristal que m'a offert Cheyenne un jour, avant son suicide, le masque que m'a légué Fodeba avant son exécution, le vase uniflore que m'a laissé la journaliste juive qui, au procès Barbie, profitant d'une suspension de séance, m'avait tendu une rose devant les quarante grigous de l'accusation et des parties civiles ébahis.

Les pétales de l'orchidée Faam au cœur de sang tombent sur mon bureau avec lenteur.

Dans ma bouche, le goût de fougère et de sous-bois devient plus âcre.

Sur mes lèvres expire cette phrase que je me répète à voix basse de peur qu'on m'entende : « je suis heureux ».

Demain, émergeant d'un long sommeil, je m'éveillerai avec des rêves accrochés aux cheveux comme si, dormant, j'avais continué à parcourir le monde.

TABLE

La photocomposition de cet ouvrage
a été réalisée par
GRAPHIC HAINAUT
59163 Condé-sur-l'Escaut

Cet ouvrage a été imprimé par la
SOCIÉTÉ NOUVELLE FIRMIN-DIDOT
Mesnil-sur-l'Estrée
pour le compte des Éditions du Rocher
en mars 2007

Éditions du Rocher
28, rue Comte-Félix-Gastaldi
Monaco

Imprimé en France
Dépôt légal : mars 2007
N° d'impression : 84356